교사와 학부모,
어디로 가는가?

교사와 학부모, 어디로 가는가?
교육구성원의 새로운 교육협약

초판 1쇄 인쇄 2025년 4월 19일
초판 1쇄 발행 2025년 4월 26일

지은이 한만중, 김용, 양희준, 장귀덕
펴낸이 김승희
펴낸곳 도서출판 살림터

기획 정광일
편집 송승호·조현주·이희연
디자인 유나의숲

인쇄·제본 (주)신화프린팅
종이 (주)명동지류

주소 서울시 양천구 목동동로 293, 2215-1호
전화 02-3141-6553
팩스 02-3141-6555

출판등록 2008년 3월 18일 제313-1990-12호
이메일 gwang80@hanmail.net
블로그 http://blog.naver.com/dkffk1020
한국교육연구네트워크 https://www.kednetwork.or.kr

ISBN 979-11-5930-320-3(03370)

교육구성원의 새로운 교육협약

교사와 학부모, 어디로 가는가?

한만중, 김용, 양희준, 장귀덕 지음

살림터

2000년대 초반 교육단체들은 열악한 교육환경을 개선하기 위한 교육재정 확보, 교육 3주체를 중심으로 하는 교육 민주화, 살인적인 입시경쟁 교육 해결 등을 주요 과제로 활동을 전개하였다. "학급 당 학생 수 30명", "교육재정 GDP 5% 확보", "학교 운영지원비 폐지", "교사회, 학생회, 학부모회 법제화" 등이 주요 슬로건이었다.

2010년 이른바 진보 교육감이 등장하고 친환경 무상급식에 이어 고등학교까지 무상교육이 실시되었다. 저출생이 본격화하면서 학급 당 학생 수는 OECD 평균 수준으로 줄어들었다. 수업료를 내지 못해 학교에서 쫓겨나거나 허기를 채우기 위해 점심 식사 시간에 수돗물을 마시는 아이들은 역사 속으로 사라지고, 촌지와 사랑의 매라고 불리던 체벌도 법적으로 금지되었다. 비록 법적인 수준은 아니지만 학부모회 활동을 지원하는 조례를 만들고 학생 자치 활동을 활성화하기 위한 제도적 기반을 마련하고 "토론이 있는 교직원회의"를 교육청 정책으로 추진했다.

2023년 7월 서울의 한 초등학교에서 교직 초년생인 20대 여교사가 생을 마감했다. 전국에서 모인 교사들의 집회에는 "교사의 인권을 보장하라", "교사에게 가르칠 권리를 보장하라", "아동학대 처벌법 폐지하라"라는 구호가 등장했다. 연인원 80만여 명이 참여한 초유의 교사 대항쟁이 벌어지는 과정에서 학생인권조례와 학부모의 악성 민원이 교권 추락의 주범으로 지목되고 교사들의 교육할 권리를 보장하기 위해 교권보호 5법을 개정했다. 교육 당국은 교권을 보호한다는 명목으로 악성 민원을 차단하고자 학교 방문 사전예고제를 도입하고 문제 행동을 일으키는 학생을 분리하는 대책을 내놓았다.

그런데, 문제가 해결되기는커녕 새로운 문제가 불거지는 것 같다. 2025년 새 학기를 앞두고 "교사는 체험학습 거부, 학부모는 도청앱 설치…", "모르는 선생님 따라가지 마-- 불안한 학부모, 아이 손 잡고 등교" 같은 제목의 기사가 언론지상을 채우고 있다. 강원도 모 초등학교에서 발생한 체험학습 중 학생 사망사고로 재판에 넘겨진 교사가 유죄 판결을 받게 되자 전교조는 법적 보호 장치 없는 현장체험학습 중단 서명운동을 전개했다. 대전 모 초등학교에서 교사가 1학년 아이를 잔혹하게 살해한 사건이 벌어지자 정치권과 교육 당국은 아이 이름을 붙인 법률 제정을 서두르고, 불안한 학부모들은 아이의 핸드폰에 도청 앱을 깔아주고 있다.

지난 20년 동안 친환경 무상급식과 무상교복, 고등학교까지 무상교육을 실시하면서 보편적 교육복지가 일정하게 확장되고 교육 구성원들의 참여를 제도화하는 정책을 추진해왔다. 하지만 교사들은 교육할 권리를 보장해 달라고 하고, 학부모는 학교에 대한 신뢰를 잃고 각자도생으로 자구책을 구하는 모순적 상황은 어디서 비롯된 것인가? 교육공동체를 표방하는 학교에서 교육 구성원 간의 갈등은 어떤 요인

탓에 구조화하였고, 어디에서 문제 해결의 가능성을 찾아야 할까?

이 책은 이러한 질문의 답을 찾기 위한 작업의 일환으로 탄생했다. 저자들은 서이초 사건이 발생하고 나서 서울시교육청에서 수행한 "학교교육 당사자 간 관계의 변화 및 대응에 대한 정책과 법률에 대한 연구"에 참여한 연구진이다.

우리는 서울 지역 초·중·고교 전체 교사와 학부모를 대상으로 교사와 학부모가 생각하는 학교의 역할, 이른바 악성 민원에 대한 생각, 문제 해결을 위한 방안에 대한 인식을 조사했다. 문제 상황을 객관화하고 사태를 둘러싼 구조적 맥락을 드러내는 일에서 해결의 실마리를 찾을 수 있다고 생각했기 때문이다. 교사 응답자 2,705명과 학부모 응답자 5,556명이 참여한 이 설문조사 결과는 학교와 교사, 가정의 역할과 학부모의 민원, 교육 당국이 내놓은 대책에 대한 심각한 인식의 격차를 드러냈다. 교사와 학부모가 같은 침대에서 다른 꿈을 꾸고 그 꿈이 악몽이 되어가는 형국인데, 그 원인에 대한 분석은 제대로 이루어지지 않았다. 정치권과 교육 당국은 사회적 공분을 사는 사건이 발생할 때마다 종합적으로 분석하고 교육 구성원들과 함께 제도 개선 방안을 만들어가기보다 사태를 모면하기 위해 미봉적으로 대책을 세우고 법률을 만드는 일로 해법을 대신해 온 것이다.

이 책 1장은 서이초 사건 이후 교육 현장이 소용돌이 속에 허우적거리는 현상을 개관한다. 교사들의 교육활동을 보호하기 위해 다섯 개 법률을 개정하는 신속 정책(fast policy)이 이루어지고 교육부는 성과를 홍보했지만, 법 개정에 환영 성명을 냈던 교원단체들은 서이초 사건 1년이 지나는 시점에서 "법률 개정 이후 학교 현장에 변화가 없다"는 반응을 보였다. 2024년 7월 22대 국회가 개원한 후 교사와 교권을 보호하기 위한 입법 경쟁이 가속화하고 있지만, 추진 과정에서 학교 구성원 사이에 또 다른 갈등이 심화하고 있다. 교사들의 방어적 교육활동 경향은 강화되고 악성 민원의 장본인이 된 학부모는 사라진 이름이 되고 있다.

2장에서는 서이초 사건과 같은 교육 현상이 벌어진 맥락을 교육역사사회학의 '형성'이라는 개념을 통해 파악해 보고자 했다. 어떤 교육 현상이든 갑자기 출현한 것이 아니며 짧지 않은 기간 동안 사회 구조와 그 안에 사는 사람들이 상호작용하는 과정에서 빚어져 온 것으로 보아야 한다는 관점이 사태를 이해하는 데 도움이 된다. 이 장에서는 1980년대부터 현재에 이르기까지 교원과 학부모 관계의 변화에 적지 않은 영향을 끼친 여섯 가지 계기를 살펴보았다. 사회 민주화와 전교조 출범으로 교사는 노동자라는 담론이 확산한 것(1989), 교원과 학부모 모두 학교운영위원으로 참여하게 된 학교운영위원회의 제도화(1996), 교사가 평가 대상이 된 교원 성과급 제도 도입(2001), 수시 입학 전형이 확대되면서 교사의 진학 지도보다 학부모의 지원이 더 중요해진 대입제도의 도입(2001), 본래의 취지와 달리 교사-학부모 간 상호 협력 관계를 어지럽힌 주요 요인이 되는 학교폭력 관련법 제·개정(2004, 2012), 학부모 입장에서 교원을 잠재적인 인권 침해자로 간주하는 역설적 계기가 된 학생인권조례 제정과 체벌 금지(2010). 이 모든 정책이 나름대로 필요한 정책으로 도입되었지만 교사와 학부모 관계를 바꾸는 데 상당한 영향을 끼쳤다는 사실을 확인하고 있다.

3장은 이 책의 모티브가 되었던 서울특별시교육청교육연구정보원에서 2023년 실시한 설문조사 결과를 민원을 중심으로 살펴보았다.

학교의 역할, 그리고 학부모 민원과 교권보호 대책 등에서 교사와 학부모 간 인식 차이가 큰 것을 확인할 수 있었다. 특히 학교의 보육 기능, 그리고 이와 관련한 교사의 책임과 관련하여 학부모들은 그 기능을 강화하는 데 전반적으로 동의하는 반면, 상당수 교사들은 동의하지 않아서 양자 간 주요한 갈등 요인으로 작용하고 있다. 학부모들이 정당한 민원을 제기할 수 있다는 사실에는 교사들도 충분히 공감하지만, 정당함에 대한 기준이 서로 다를 수 있다. 자녀가 학교에 다니는 동안 민원을 제기한 경험이 없는 학부모가 다수지만, 교사 입장에서는 일부 학부모가 한두 차례 민원을 제기하기만 해도 그것들이 합쳐져 결국 다수의 민원으로 고통받을 수 있다. 악성 민원을 제기하는 일부 극소수 학부모에 대한 대책을 다수 학부모에 대한 정책으로 만들어내면, 학부모의 교육활동 참여를 전반적으로 위축시키는 결과를 빚게 된다.

4장에서는 교사와 학부모들이 인식 격차를 좁히기 위해 역지사지(易地思之)의 관점에서 서로의 시선을 교차하며 실효성 있는 대책을 마련하고자 구조적인 분석이 필요하다는 사실을 제기한다. 한국의 공교육 체제가 구축되는 과정에서 교육재정의 조달자 역할을 하면서도 학교 운영이나 교육정책 수립 과정에서 배제되었던 학부모는 학교운영위원회가 도입되면서 형식적으로는 학교교육에 관한 권한을 부여받은 존재가 되었다. 하지만 교육기본법에 쓰여있는 "부모 등 보호자는 보호하는 자녀 또는 아동의 교육에 관하여 학교에 의견을 제시할 수 있으며, 학교는 그 의견을 존중하여야 한다"는 조항은 유명무실한 상태다. 서이초 사건이 '내 새끼 지상주의'에 빠진 학부모 탓이라며 학부모 집단이 전체적으로 질타당하고 있고, 영어 유치원에 들어가기 위해 '7세 고시', '4세 고시'가 생겨나는 사회 구조의 변화가 동반되지 않는 한, 적지 않은 학부모들이 자식을 위해 물불을 가리지 않는 '진상 학부모'가 될 가능성이 상당하다.

한편, 교육기본법에 "교원의 전문성은 존중되며, 교원의 경제적·사회적 지위는 우대되고 신분은 보장된다"는 규정이 있다. 교권 추락이 사회적 이슈가 되는 일이 반복되지만 정작 교권에 대한 정의는 조례나 매뉴얼에서나 찾아볼 수 있다. 1991년 「교원지위 향상을 위한 특별법」이 제정되고 몇 차례 개정이 이루어졌으며 서이초 사건 이후 2023년 9월 교육활동 침해행위에 악성 민원이 포함되었지만, '목적이 정당하지 않은 민원'에 대한 판단을 둘러싼 새로운 갈등이 생겨날 가능성을 내포하고 있다.

5장에서는 외국 학부모의 학교 참여와 교권 침해에 대응하는 정책을 살펴보았다. 학부모의 학교 참여와 관련하여 미국의 '학부모-교사 면담 시간(Parent Teacher Conference)' 제도와 캐나다의 학교운영위원회와 함께 운영되는 학부모위원회 제도, 영국의 대처 정부에서 추진했던 신자유주의 노선과 관련한 학부모 정책, 프랑스의 전국적 학부모 단체로 1950년 창설된 학부모 자문 연합 등의 활동 방식, 학부모의 학교 참여에서 가장 앞선 제도를 운용하는 독일 사례를 통해 학부모 참여 제도의 실질적인 운영을 위한 제도적 기반의 필요성을 확인했다.

한편, 미국에서 2001년 제정된 연방 교사 보호법(Teacher Protection Act)에 의하면 교사는 고용 범위 또는 책임 범위에서 행한 정당한 학생 지도에 대해 고의 또는 범죄에 해당하거나 중과실 등에 의한 피해가 아니면 책임지지 않는 면책특권이 있다. 미국의 학부모 관련 교권

보호 대응 시스템의 특징으로는 교사와 학생 또는 학부모의 사적 접촉 금지, 공식적 채널을 통한 학부모 민원 제기 및 대응, 학교의 교사와 학생인권 보호의 법적 책임 등을 둘 수 있다. 캐나다는 학교가 교육계획, 규칙, 학생-학부모-교사-학교장 등의 역할과 책임을 학교 구성원에게 확실하게 전달하고 홍보한다. 교권 침해를 예방하기 위한 사전적 조치가 제도화되어 있는 셈이다. 그럼에도 교권 침해가 일어날 경우 학교 밖으로 퇴실 조치하며, 교사의 교육활동을 방해하는 경우 개인 상담이나 교육프로그램 이수를 권고하고 관계 위원회에서 대안교육을 이수하도록 한다. 영국은 교육법에 학생의 수업 방해 등 부적절한 행위에 대하여 교사가 교육적 권위를 가지고 적절한 방법으로 처벌할 수 있는 권한을 명시하고 있다. 영국도 행동의 개선이 없는 학생들을 교실 밖으로 내보낼 수 있고, 교사 혹은 또래 학생에게 신체적 위협을 가하는 학생은 학교장이 정학 또는 퇴학 처분할 수 있다. 독일에서도 교권 침해 학생에 대한 교사의 징계 권한을 법적으로 명시하고 있다. 학교에서 교권 침해 사안이 발생한 경우 교사는 수업 방해 행위의 경중이나 행동 변화 여부 등을 고려하여 경고-수업 배제-퇴학 순으로 대처할 수 있다.

외국 사례를 보면 교사와 학부모의 역할과 권리, 의무를 교육법에 명확하게 규정하고 있다. 또 교권 침해를 사전에 예방하기 위해 학교가 다양한 역할을 수행하고 학부모의 학교 참여를 실질화하는 시스템을 체계적으로 구축할 필요가 있음을 알 수 있다.

6장은 일본 사례를 소개한다. 일본은 이지메와 은둔 청년, 괴물 학부모 등이 심각한 사회문제로 제기되고 그 문제를 해결하기 위해 다각도로 노력해 오고있다. 우리와 유사한 교육 문제를 안고 있는 일본의 "괴물 학부모" 등장과 문제 해결을 위해 추진해 온 정책을 살펴보며 많은 시사점을 얻을 수 있다. 일본의 경우에도 우리와 마찬가지로 신임 교사의 자살 사건이 중요한 계기가 되어 괴물 학부모가 사회적 문제로 제기되었다. 이 문제가 드라마로 방영될 정도로 사회적 파장을 일으키면서 교육위원회 차원에서 '학교 문제 해결 센터'를 설치하고 전문가를 위촉하여 갈등을 조정하는 시스템을 구축하려고 노력하였다. 우리의 경우 학부모와 교사가 만날 기회를 가급적 줄이는 방향에서 대책을 강구하는 것에 비하여 일본에서는 학부모들이 학교교육에 참여할 수 있도록 조례를 제정하거나 학부모 정책을 활발하게 펼치고 '열린 학교 만들기'를 실천하여 학교 교육을 바꾸어가고 있다는 사실은 교육당국이 심각하게 검토해 보아야 할 대목이다.

교사와 학부모와의 관계에 대한 다양한 진단과 분석을 바탕으로 3부에서는 이 책에서 제안하는 문제 해결 방안을 담고 있다. 7장에서는 교사와 학부모 관계를 개선하기 위해서는 지금 추진하고 있는 정책을 교사와 학부모의 상호 이해를 돕기 위한 정책의 관점에서 재설계하고 학부모뿐만 아니라 교사들의 역량을 강화하는 정책이 필요하다는 사실을 강조한다. 주요 정책으로 추진하고 있는 민원 대응 시스템이 제대로 역할을 하기 위해서는 교사와 학부모가 수용할 수 있는 민원의 개념을 정립하고 학교와 교육지원청, 시도교육청 단위로 민원의 성격에 따른 처리 시스템을 구축해야 한다. 교사와 학부모 관계를 '교육적 관계'에서 '거래적 관계'로 만들게 하였던 5·31 교육개혁의 수요자 중심 교육을 근본적으로 재검토하고 "교육적 관계로의 재전환"을 기조로 하는 종합적인 대책을 마련해야 함을 촉구하고 있다. 8장에서는 교육의 사법화가 심화하면서 초래된 부작용을 근본적으로 재검토해야 하고 불신의 늪에서 벗어나 신뢰를 바탕으로 하는 협력적 관계를 만들어가기 위해서는 일상적인 소통과 협력의 경험을 쌓아가는 것이 유일한 방도라는 평범한 사실을 새삼 강조하고 있다. 교사와 학부모가 '새로운 관계'를 실험하면서 더 넓은 의미에서 '학교교육'에 새로운 의미를 부여해야 한다. 이를 위해서는 교육 당사자 간에 새롭게 교육 협약을 맺고 제도를 정비해야 한다.

9장에서는 학교를 소통과 협력을 통해 교육공동체로 만들어온 실천적 사례를 살펴본다. 3학년 교육여행에 대한 입장 차이를 학생, 학부모, 교사 간담회를 통해 해결한 서울 강명중학교와 코로나 19 이후 학부모가 주도하는 학교 참여 활동의 전통을 되살려 교사와 학부모의 협력 관계를 강화해온 경남 좌삼초등학교, 교사단체와 학부모 단체 등이 함께 참여한 '교육공동체 회복 모임'에서 마련한 치유와 회복을 통해 교사 학부모 관계를 개선하는 프로그램을 소개한다. 혁신학교를 중심으로 운영해온 교육 3주체 생활협약은 협약을 마련하는 과정에서 서로의 입장 차이를 조정하고 공동체 구성원으로서 권리와 책임을 함께하는 실천적인 방안인 것을 서울 선사고등학교, 충북 동이초등학교를 중심으로 보여준다. 이러한 학교 단위의 협약을 세종 교육청은 찾아가는 3주체 생활협약 제정을 추진하여 확산시켜 왔다. 일본 타츠노고등학교의 삼자 협의회에 의한 '열린 학교 만들기' 사례 역시 이러한 교육 구성원 간 상호 존중과 협력의 민주적 학교 만들기가 궁극적으로 가야 할 곳임을, 문제 해결의 실질적인 방안임을 보여준다.

교사와 학부모는 학생의 전인적 성장을 위한 동반자가 되어야 한다. 하지만 서이초 사건과 2025년 대전에서 발생한 처참한 사건으로 우리 사회에서 교사와 학부모의 관계를 비유하는 사자성어가 동상이

몽(同床異夢)을 넘어서 오월동주(吳越同舟)가 되고 있는 느낌이다. 공자와 제자 자공의 대화 중에 믿음이 없으면 아무것도 이루지 못한다는 무신불립(無信不立)이라는 말이 있다. 교사가 악성 민원에 시달릴 것을 걱정하여 학부모와의 만남을 꺼리고 학부모가 교사를 의심하여 아이의 핸드폰에 어플을 설치하는 풍토에서 두 주체가 학생의 전인적 성장을 위한 협력자가 되는 일은 불가능하다.

이 책이 불신의 장벽을 부수고 교사와 학부모가 거래적 관계를 벗어나 다시 상호 존중과 협력의 교육적 관계를 만들어낼 수 있도록 실질적인 정책과 제도 개선, 학교가 교육공동체로서의 역할을 회복하는 공동재를 만드는 일에 조그만 역할이라도 할 수 있기를 간절히 바란다.

2025년 새봄
공저자를 대표하여 한만중

학교의 새로운 관계 맺기를 응원하며

조희연(전 서울특별시 교육감)

2023년 7월 18일 이후, 그해 내내 나는 모든 것이 비현실적으로 느껴질 만큼 고통스러운 나날을 보냈다. 서울교육을 책임지는 자리에 있었던 10년 동안 가장 힘든 순간이었다.

무엇이 이 초년 교사를 극단의 순간으로 몰고 갔는지 묻고 또 물었다. 즐겁게 배움이 일어나야 할 학교라는 공간에서 왜 이와 같은 비극적인 일이 일어났는지 답을 찾아야 했다. 그 과정에 기꺼이 함께하여 교사와 학부모가 왜 이렇게 갈등 상황에 몰려 있는지 현주소를 들여다보고, 우리가 나아가야 할 방향을 찾기 위해 현상을 분석하고 외국의 다양한 사례들을 성실하게 살펴 제시해 준 김용, 양희준, 장귀덕, 한만중 선생께 감사의 말을 전한다.

'억울한 학부모와 아픈 교사'가 마주하면서, 학교가 '교육 불가능한 공간'이 되어가는 비극적 현실이 우리 앞에 있다. 하나의 작은 사건이 매개가 되어, 이제 학교는 '맞고소로 치닫는 전쟁터'가 되어가고 있다. 학교폭력을 둘러싼 고소·고발전(戰)은 학교가 교육기관이 아니라 사법 기관이라는 탄식을 자아내기에 충분하다. 최근 대전에서 일어난 비극적 사건은 정반대의 충격을 주었다. 학교 현실을 고려하지 않는 법의 남발, 그리고 교육의 내면을 고려하지 않고 일반성에 기댄 사법적 판결이 때로는 의도하지 않게 교직 사회에 소극성과 수동성을 확산해 간다. 얼마 전, 학외 체험활동에서 벌어진 사망 사건으로 교사가 법적 추궁을 당해야 하는 현실은 교사들로 하여금 방어적 교육활동으로 나아가게 만들고 있다. 이런 계기들은 긴장과 갈등을 수습해가는 학교를 새로운 긴장으로 몰아넣고 있다. 학교는 악순환에 악순환을 경험하는 현장이 되고 있다. 하나의 극적 특이 사건이 터지면 온 국민이 분노하고 이를 대중적으로 해결하기 위해 법적·제도적 규제책을 남발하는데, 그 새로운 규제책은 긍정적 효과가 아니라 부정적 효과를 낳아, 학교를 교육으로부터 더욱 멀어지게 하는 악순환이 학교에 나타나고 있다.

흑인 블루스 뮤지션 대릴 데이비스가 인종차별주의자들인 KKK단 회원 200여 명을 그 그룹에서 탈퇴시킨 일화가 화제다. 데이비스는 우연한 기회에 만난 KKK단 백인이 흑인과 대화 한 번 나눠보지 않고 흑인에 대해 무지한 처지에서 어떻게 흑인을 혐오하게 되었는지 호기심이 발동했다. 무작정 KKK 멤버들을 찾아가 수다를 떨고, 또 그들의 집회에 참여하며 멤버들과 우정을 쌓아갔다. 그와 친분을 쌓은 이들이 점차 KKK를 떠나기 시작했다. 그 비결이 뭐냐는 질문에 데이비스는 항상 '우정과 수다'를 꼽는다.

"그것이 바로 그들의 이념을 무너뜨린 거예요. 왜냐하면 두 적이 만나 이야기를 나눌 때는 서로 싸우지 않기 때문입니다. 하지만 대화가 멈췄을 때 폭력의 토양이 비옥해집니다. 최악의 적과 5분을 이야기하다 보면 무엇이든 두 사람 사이에 공통점이 있다는 걸 알게 됩니다. 그 공통점을 바탕으로 관계를 형성하고, 또 우정을 만들게 됩니다. 저는 아무도 개종시키지 않았습니다. 그들 스스로 빛을 보고 바뀐 거예요."

'대화가 멈췄을 때 폭력의 토양이 비옥해진다'라는 그의 말에 주목한다. 우리 학교 공동체도 진정한 대화가 사라진 순간 위기가 스며든 것은 아닐까? 대전의 '하늘이 사건' 또한 학교가 공동체 성원의 문제 상황에 대하여 함께 논의하고 방향을 찾아가는 문화였다면 어땠을까 생각해 본다.

물론 대화와 경청, 상호이해가 완전한 해결책은 아니다. 더 나아가야 한다. 저자들은 교사와 학부모가 "시대의 변화에 걸맞은 '새로운 관계'를 어떻게 맺"어야 하는지 더 넓고 더 깊게 고민해야 한다고 얘기한다. "근래 이루어지는 다양한 제도적·정책적 개선 시도를 통해 '새로운 관계'를 실험함과 동시에 더 넓은 의미에서 '학교 교육'에 대한 새로운 의미 부여 역시 필요한 시점에 있다"고 밝힌다. 저자들의 연구가 그 방향 찾기에 큰 이정표가 될 것이다.

지난 10~20년 동안 교육개혁을 바라는 학부모와 교사들은 공교육 정상화의 중요한 파트너였다. 그러나 그 건강한 파트너십이 무너질 형편에 있다. 이제 역지사지의 정신으로 학교를 다시 교육이 가능한 공간으로, 공동체적 협력 정신이 꽃피는 공간으로 만드는 새로운 여정을 떠나야 한다. '금쪽이' 같은 아이들의 전인적 성장을 위해 모두가 동반적 협력자가 되는 학교, 그런 학교의 미래를 결코 포기하지 않으면서 말이다.

오늘의 학교를 걱정하는 이들에게 아동의 전인적 성장에 함께하는 모든 이들의 관계 맺기 방향을 제시하는 귀한 안내서의 출간을 알리며 필독을 권한다.
공존의 시대에 부응하는 학교의 새로운 관계 맺기를 응원한다.

'공존의 뜰'에서

아이들을 위한 어른들의 협력과 지혜

최교진(세종특별자치시 교육감)

우리는 늘 어디에 있고 어디로 가는지 물어야 한다.

지시대명사 '어디'의 뜻풀이를 보면, "특정하게 정하지 않거나 꼭 집어서 말할 수 없는 위치나 장소를 가리킨다"라고 설명한다. 『교사와 학부모, 어디로 가는가?』는 교사와 학부모가 서 있는 자리와 방향성을 함께 묻는다. 각자의 자리마다 시선은 차이가 있고 바라보는 지점이 어긋날 때도 있다.

이 책은 2023년의 비극적인 사건 이후 뜨거운 쟁점으로 떠오른 교사와 학부모의 관계를 살핀다. 교육관계자 외에도 아이들 교육에 관심 있는 누구나 쉽게 읽을 수 있다. 쉽다는 말은 내용을 받아들이는 체감도가 높다는 의미이고, 실제적 고민이 담겨 있어 현장성이 강하다는 뜻이다. 안타까운 현장을 냉철하고 정확하게 진단하고 있어 반가운 마음으로 읽었다.

교사와 학부모는 갈등 관계가 아니고 이해를 다투는 관계도 아니다. 하지만 지금의 학교 현장에서는 불신과 대립의 관계로 비치고 있다. 이 책은 예전의 학교 현장에서 나타난 교사와 학부모의 관계부터 최근 상황까지 꼼꼼하게 짚으면서 문제의 원인과 복잡한 상황과 관련해 해외 사례를 인용하며 다각적인 해법을 찾고 있다. 갈등과 다툼은 성장을 위한 과정으로 받아들여야 한다. 우리가 어디에 있는지, 어디로 가는지 묻는 이유는 관계의 회복을 위해서다. 힘들고 어려울 때일수록 교육공동체의 힘을 강조하는 것도 그 무형의 자산을 믿기 때문이다.

책의 마무리 부분에는 이런 문장이 있다. "지금 우리에게 필요한 것은 잘 만들어진 법률이 아니라 '모든 아이는 우리 아이'라고 생각하고 아이들을 함께 키우는 어른들의 협력과 지혜다."

아무리 시대가 변화하고 인공지능 같은 첨단 기술이 교실에 들어온다 해도, 협력의 지혜는 관계를 지탱시키는 최후의 보루와도 같다. 우리는 교사와 학부모 사이에 아이들이 있다는 점을 잊지 않아야 한다. 갈등이 가져올 상처가 아이들에게 지워지지 않는 기억으로 남을 수 있다는 점도 명심해야 할 것이다.

교육공동체가 함께 읽으면 더욱 좋을 만한 이 책을 통해, 어른들의 지혜를 발휘하기 위해 우리는 무엇을 해야 할지 진지하게 고민해야 할 일이다.

가르침과 배움이 세상에서 사라지지 않는 한 우리는 어디에 있고 어디로 가는지 늘 물어야 한다. 그래야 길을 잃지 않을 것이다.

같이 걸으면 든든하고 아름다운 길

김기수 (전 경기도교육연구원 선임연구위원)

민주주의를 향한 길에서, 사회 못지않게 학교도 성장통을 앓고 있다. 사회와 학교의 성장통은 꽤 오래 간다. 소집단들의 규범과 문화가 충돌을 멈추지 않는 데 반해, 소집단들이 공통으로 추구하는 규범은 늘 명분으로만 존재하기 때문이다. 성장통은 개인이 급성장하는 기간에만 잠시 나타나는 게 아니다. 성장통은 변화하는 모든 이에게 늘 있다.

성장통은 개인을 넘어 인간관계에서도 나타난다. 개인 간, 집단 간에 나타나는 갖가지 갈등과 대립이 그것이다. 최근 한국 사회와 학교에는 개인 간, 집단 간에 서로 고통을 주는 일들이 심하게 일어나고 있다. 사회에는 이념 갈등, 세대 갈등, 계층 갈등이 있고, 학교에는 교원과 학부모, 교원과 학생 사이에 갈등이 있다. 특히 교원과 학부모 사이의 갈등이 남긴 상처가 커서 '성장통'이란 말로 미화하기 민망할 정도다. 그렇지만 이런 상황을 극복하고 나면 더 좋은 관계가 이루어지리라는 믿음을 버리고 싶지 않다.

저자들은 학생을 가운데 두고 교원과 학부모가 '관계의 성장통'을 앓고 있는 모습을 보여준다. 각종 연구 자료를 활용하여 실증적으로 보여준다. 저자들의 말대로 학부모는 억울하고 교사는 아프다. 서로 상대를 잘 모르고, 알게 모르게 상처를 준다. 서로 말이 안 통하는 경우가 많고, 상대에 대한 이해도 공감도 잘 안 된다. 그래서 억울하고 아픈데 나아질 기미가 보이지 않는다. 여러 전문가가 진단하고 처방해주는 것들은 효력이 약해서, 제대로 된 처방이 맞는지 의심스럽기도 하다.

저자들은 교사와 학부모의 시선이 서로 다른 곳을 향하고 있다는 것도 보여준다. 부모의 눈으로, 선생의 눈으로, 애정을 담아서 학생을 바라보고, 똑같은 시선으로 상대를 바라보면 좋겠지만, 그게 잘 안 된다. 저자들은 이런 상황을 꼼꼼하게 짚는다. 일본을 비롯한 외국의 사례도 든다. 그리고 해결 방안을 제시한다.

저자들은 한국 사회에서 교원과 학부모의 지위가 예전과 많이 달라졌음을 지적한다. 지위의 변화는 태도의 변화로, 관계의 변화로 이어진다. 저자들은 교원과 학부모가 서로 눈맞춤을 하도록 안내한다. 양자의 관계 개선은 눈맞춤에서 시작된다는 것을 강조한다. 교육공급자와 교육수요자의 '거래적 관계'보다는 학생의 건강한 성장을 위해 서로 협력하는 '교육적 관계'를 제안한다. 교육 당사자들 간의 권리와 의무를 법으로 명확하게 정리하되, 매사를 법에 의존하기보다는 교원과 학부모의 참여와 협력을 확대함으로써, 좋은 학교를 함께 만들어갈 것을 제안한다.

저자들이 함께 연구한 데 이어서 책을 만든 것을 축하드린다. 교원과 학부모의 관계 개선이 시급한 이때, 교원과 학부모들이 읽고 통찰을 얻기를 기대한다. 또한 교원과 학부모가 학생 교육을 위해 서로 협력하기를 기대한다. 혼자 걸으면 불안하나 같이 걸으면 든든하다. 아름답다.

부러진 의자에는 앉을 수 없다

이윤경(전 참교육을위한전국학부모회 회장)

서울의 한 학교의 교사와 대전의 초등학교 학생의 죽음을 겪으며 우리 교육은 그야말로 만신창이가 됐다. 학부모는 괴물, 민원인으로 전락했고, 교사는 잠재적 살인자가 됐다.

두 사건 이후 졸속으로 만들어진 법과 정책들은 문제를 개인에게서 찾았고, 책임도 개인에게 지웠다. 그 수많은 개인들, 학부모와 교사는 서로를 걸러내고 배제하고 징계하는 대책들에 떠밀려 간극이 더 벌어졌다.

이 책은 지금의 분열된 현상을 직시하는 것에서 시작한다. 30여 년의 교사 운동, 학부모 운동의 역사를 되짚어 어디서부터 교사-학부모 관계에 균열이 생기게 되었는지 샅샅이 찾아본다.

교사나 학부모의 입장 어느 한쪽으로도 치우치지 않으려 한 '애씀'도 보인다. 법령과 학술 자료뿐만 아니라 교육 운동의 역사와 관점을 관통하는 '비판'도 담겨 있다. 문제 제시와 함께 풀이 방향도 고민하게 한다.

소개된 외국 학부모의 교육 참여 사례들 가운데는 그동안 한국 학부모 운동에서 시도했던 것들도 많고, 더 모범적인 학교나 교육청의 사례들도 있다. 하지만 모두 과거형이다. 오랜 동안 힘들게 쌓아 올린 학부모의 교육 참여 구조, 교사와 학부모의 협력적 관계들이 서이초 사건 이후 한순간에 무너져 백지화되었다. 그래서 지금의 교사, 학부모 관계는 마치 부러진 의자 같다.

다리가 부러진 의자에 앉는 학생은 넘어질 수밖에 없다. 지금 교육 당국의 행태는 임시방편으로 의자 다리를 청테이프로 둘둘 말아 학생을 억지로 앉히려는 것처럼 보인다.

학생이 안심하고 편안하게 앉을 수 있게 교육 4주체가 다시 튼튼한 의자를 만들어야 한다. 이 책이 설계도가 되어 교육 현장이 다시 뚝딱뚝딱 시끄러워지기를 바란다.

알록달록 무지개 의자에 앉아 학생들이 휘황찬란하게 빛나면 좋겠다.

'억울한 학부모'와 '아픈 교사' 사이, 우리 교육의 위치를 돌아보다

서현수(한국교원대학교 교수)

　2023년의 비극적 사건과 9·4 집회 이후 우리 사회의 공론장을 뜨겁게 달구었던 학교 교육과 교육공동체의 위기는 해소되었는가? '교권 5법'의 신속한 개정과 교육 당국의 종합대책 시행에도 현장 분위기는 크게 달라지지 않았다. 교사의 정치적 시민권 부재, 교육의 시장화와 사법화, 학부모와 학교 간 소통 채널 파편화 등 구조적인 문제들이 여전한 가운데 오히려 교사와 학부모, 교사와 관리자(교장, 교감), 선배 세대 교사와 'MZ 교사' 간에 서로 책임을 떠넘기는 회피 문화가 교육공동체를 짓누르고 있다.

　교직의 기쁨을 잃은 채 항상적인 민원의 압력에 노출된 교사들은 '눈치 보지 않는 교육'을 하게 해달라고 호소한다. 평소 학교에 민원 한 번 넣어본 적 없는 대다수 학부모는 잠재적 악성 민원인 취급당하는 것에 당혹스럽다. 교장도, 교감도 실질적 권한은 없고 책임만 져야 한다며 어려움을 토로한다. 말로만 백년대계일 뿐, 교육청과 교육부는 사고 수습과 임기응변식 대책 마련에 급급하다. 더욱이 정권이 바뀌고 교육감이 바뀔 때마다 정책 방향이 180도 바뀌면서 장기적 관점에서 일관되게 추진되는 합의적·미래지향적 교육정책은 찾아보기 어렵고, 무수히 많은 낱개의 정책과 사업의 시행 속에 교육의 본질적 목표와 원리는 뒷전으로 밀려나는 현실도 여전하다. "Less is More!"의 지혜를 우리는 아직 배우지 못하고 있다. 무엇보다 이 모든 논의에서 학생인 아동, 청소년들의 관점과 목소리는 좀처럼 잘 들리지 않는다. 무엇을, 어떻게 해야 할 것인가?

이 책은 '억울한 학부모'와 '아픈 교사' 사이에서 우리 교육이 지금 어디에 서 있는지에 관한 아픈 물음을 던진다. 저자들은 민주화 이후 교육개혁 과정에서 교사와 학부모 관계를 변화시켜온 주요 계기를 비판적으로 조명하고, 미국, 영국, 캐나다, 독일, 일본 등 외국에서는 어떻게 학부모 참여를 이끌어내는 동시에 교권 침해에 효과적으로 대응하는지를 소개한다. 특히, 교육의 시장화와 사법화 경향에 저자들은 비판적이다. 갈등과 문제의 해결을 시장과 소비자사회의 논리로 풀거나 법원의 강제적 소송 절차에 의탁하는 것은 교육과 교육공동체가 발 딛고 선 섬세한 의사소통, 상호 호혜와 협력, 신뢰 문화의 그물망을 찢어놓을 우려가 크기 때문이다. 민주주의, 교육, 시민성 체제 전반의 위기를 직시하며 새로운 대안을 고민하는 교사, 학부모, 정책결정자, 그리고 시민 독자들의 일독을 권한다.

1부

교사와 학부모, 어디에 있는가?

1장
소용돌이

2023년 여름, 세상을 놀라게 한 초등교사의 안타까운 일은 흔히 '서이초 교사 사건'으로 불린다. 그런데, 그 여름의 일에 '사건'이라는 이름이 적확한 표현일까? '사건'이라 하면 사람들의 관심이나 주목거리가 되게 일어난 일을 뜻하는데, 관심이나 주목의 정도에 따라 '큰 사건'도 '작은 사건'도 존재할 수 있다. 그 해 아직 열기가 남아있던 도로를 가득 메운, 울분에 찬 교사들을 떠올리면 그 일은 분명 큰 사건이었다. 어떤 사건은 발생 전과 후를 확연히 바꾸기도 한다. 이 경우 사건은 단절을 불러온다. 그 일을 계기로 학교의 풍경이 많이 바뀌었고들 한다. 이런 사실을 보아도 '사건'이라는 이름은 바른 표현으로 보인다. 그런데, 온갖 형태의, 수많은 의미를 지니는 일을 모두 '사건'으로 부를 수도 있지만, 어떤 경우에는 특별히 기억하고 더 깊게 고민해봐야 하는 일이 있고, 이 경우 다른 이름을 찾아야 할 수도 있다. 사건은 한순간 일어나서 금방 사라지는 것이지만, 안타까운 일을 치른 지 한 해가 더 지났지만, 우리는 여전히 그 일과 연결되어 있다. 그 일이 우리를 떠나지도 않았고, 우리가 그 일을 떠나보내지도 못했다. '사건'이 아닌 다른 이름을 붙여야 한다.

소용돌이. 천천히 흘렀다가 빨리 휘감아 몰아치기도 하는 어떤 것들이 중심의 곁으로 물결치는 움직임을 소용돌이라고 한다. 소용돌이는 많은 것을 빨아들이고, 그것들은 어지럽게 뒤엉킨다. 그 여름 이후 교사들의 마음도, 학부모들의 태도도, 교육부의 정책도, 국회에서 논의하는 법률도 여전히 중심을 향하고 있다. 아니, 그 중심이 모든 관심과 노력을 빨아들이고 있다. 우리는 여전히 소용돌이 속에 놓여 허우적거리고 있다.

신속 정책, 그 후

소용돌이에 놀란 사람들은 기민하게 움직였다. 대통령이 "교육 현장에서 교권이 확립되지 않으면 학생의 인권도 공허한 이야기가 될 수 있다. 특히 교권이 무너질 경우 다른 학생의 학습권은 물론 인권 침해도 이루어질 수 있다"고 발언한 사실이 알려졌다.[1] 그 일이 있은 지 한 달이 채 지나지 않아 교육부는 「교원의 학생생활지도에 관한 고시(안)」을 서둘러 내놓았다. 평소 연대 행동을 하지 않았던 교직 단체들은 머리를 맞대고 요구 사항을 정리해 갔고, 교육부는 이들과 협의하면서 「교권 회복 및 보호 강화 종합방안」을 발표했다. 국회도 가세했다. 수많은 교사들이 '교권보호'를 거세게 요구하는 상황에서 여야 정당은

---

1 2023년 7월 24일 대통령실 수석비서관회의 대통령 발언.

모처럼 한목소리를 냈다. 소용돌이가 휘몰아치기 시작한 후 두 달이 흐르기 전에 교사들의 교육활동을 보호하기 위해 다섯 개 법률을 개정했다. 전례를 찾기 어려운 신속 정책(fast policy)이 나타난 셈이다. 국회의 법률 개정이 마무리된 후, 교사 운동을 주도해 온 한 단체는 "이번 법 개정으로 교사들이 안심하고 교육활동에 매진할 수 있는 교육환경이 조성될 것으로 기대한다"는 입장을 밝혔다.[2] 교사뿐만 아니라 학부모 그리고 많은 시민은 이제 학교가 평온하게 아이들을 돌보고 교육하는 장소로 돌아가리라 생각했다.

해가 바뀌고 스승의 날을 즈음하여 여기저기서 새로운 정책에 대한 평가를 내놓았다. 교육부는 학교 현장이 바뀌고 있다며 성과를 홍보했다.[3] 교원을 대상으로 아동학대 신고가 이루어지는 경우 교육감이 '정당한 생활지도'에 관한 의견을 제출하고 수사기관이 이를 참고하게 한 결과 아동학대 신고가 상당히 줄었고, 교육지원청에서 「교권보호위원회」를 운영하게 되면서 교권 침해를 은폐하는 관행도 개선되었다고 했다. 또, 교원의 교육활동을 침해한 학생의 보호자가 사과하고 재발 방지를 서약하며, 자녀가 특별교육이나 심리치료를 받게 하는 보호자도 늘었다. 나아가 교육활동 침해 학생의 보호자를 교육청이 고소·고발하는 경우도 늘어나는 등, 단호한 법적 조치를 하고 있다고도 했다. 다만, 법률에서 정한 「민원 대응팀」이나 「수업 방해 학생에 대한 분리·지도 시스템」은 대다수 학교에 구축되었으나, 아직 보완이 필요하다고 했다.

---

2 2023년 12월 8일 교사노동조합연맹 보도자료
3 2024년 5월 22일 교육부 보도자료 "교육활동 후속 조치, 현장의 체감 개선에 중점"

그런데, 교사들의 반응은 사뭇 달랐다. 2024년 스승의 날을 즈음한 시점에서 이루어진 교직 단체들의 설문조사에서 교사들 셋 중 둘, 또는 넷 중 셋은 "법률 개정 이후 학교 현장에 변화가 없다"는 반응을 보였다. 전교조가 교사 1,500여 명을 대상으로 한 설문조사는 교육부의 홍보와 다른 결과를 보여주었다. 교육부는 민원 대응팀이 전국 거의 모든 학교에 설치되었다고 했지만, 설문조사 결과 민원 대응팀을 설치한 학교는 40%가 안 되는 것으로 나타났다. 민원 대응팀 운영 사실을 전혀 모르거나 만족하지 않는 교사는 80%가 넘었다. 또, 교사가 교권을 침해한 학생을 즉시 분리 조치할 수 있다는 사실 자체를 모르는 교사가 절반가량이고, 그 사실을 아는 교사 중에도 민원을 염려하여 학생을 분리하지 않는 경우가 많았다. 상당수 학교에서 분리한 학생을 지도할 인력과 공간이 부족하다고 호소했다.[4]

계속되는 입법, 경쟁과 전쟁

2024년 7월 새 국회가 문을 열고, 개정 법률이 막 시행되는 시점에서 또 다른 입법 작업이 시작되었다. 교사들을 보호하기 위한 입법 노력은 경쟁적으로 이루어지고 있다. 강경숙 조국혁신당 의원은 학교폭력을 행사하거나 교권을 침해한 학생을 분리하여 지도해야 하지만, 학교에 인력과 예산이 부족하여 지도가 어려우니 필요한 예산을 확보하도록 노력하고, 학교에 충분히 지원해야 한다는 취지의 법률 개정안을 제출했다. 백승아 더불어민주당 의원은 교권 침해가 발생하여 학생을 분리하고 피해 교원을 보호해야 하는데 그 조치가 늦어지거나

---

4 한만중, 교권 5법 개정에 대한 평가와 현장의 변화, 교육비평 55호, 2024. 8-49.

미흡한 경우가 발생할 수 있으니, 이 경우 지역교권보호위원회나 시·도교육청이 학교장에게 필요한 조치를 하도록 요구하고, 나아가 학교장의 조치를 심사하여 시정할 것을 요구할 근거를 법률에 포함하려 하고 있다. 정성국 국민의힘 의원은 학교장이나 교원이 교육활동 중 사고나 위급상황이 발생하여 이를 처리하는 과정에서 발생한 사고에 대해 고의나 중대한 과실이 없는 때는 민·형사상 책임을 지지 않는 것을 골자로 개정 입법을 추진하고 있다.

해가 바뀌고 새 국회가 문을 열자마자 교사와 교권을 보호하기 위한 경쟁이 가속화하고 있다. 한편, 입법 추진 과정에서 갈등이 심화하고 있다. 백승아 의원은 교사들이 과도한 행정업무 처리로 교육 활동과 수업 연구에 집중하지 못하고, 이에 따라 교사들의 업무 만족도와 전문성, 그리고 공교육에 대한 만족도가 떨어지고 있어서, 교사가 해야 하는 업무를 법률에 규정하고자 하고 있다. 이런 취지를 담아 교육과정 운영, 평가, 학습지도(수업) 및 교재연구, 개인별 맞춤지도, 학생 및 학부모 상시 상담, 안전교육을 비롯한 각종 교육에 전념하도록 보장하는 법률 개정안을 제출했다. 그런데, 이 개정안에 대해 교직원들은 교원의 업무가 직원들에게 떠넘겨질 것을 우려하며 반대의 뜻을 밝히고 있다. 한국노총 교육연맹은 개정 법률안을 발의한 백승아 의원실을 방문하여 "동료 직원에게 피해를 주는 잘못된 입법"으로 개정 법률을 평가하고 "교직원 모두를 위한 입법"을 요구했다.

서울시의회와 충청남도의회가 「학생인권조례」를 폐지한 상황에서 「학생인권 보장에 관한 법률」을 제정하여 학생인권을 보호하고자 하는 일을 둘러싸고도 논전이 치열하다. 학생인권단체와 학부모 단체들은 "학교폭력과 교권 침해로 인한 교사들의 고충을 공감하지만, 이런 문제를 해결하기 위한 방법이 아동의 기본적 권리를 침해하는 것이어서는 안 될 것"이라는 입장을 밝혔다.[5] 반면, 한국교총은 "권리만 강조하고 책임은 실종된 학생인권조례를 그대로 법률화해 교권 추락, 교실 붕괴만 가속화할 것, 학생인권법이 통과되면 교권 5법이 무력화되고, 교사들도 교권 침해에 대응할 수 없는 무기력한 현실로 회귀할 것"이라는 취지의 반대 입장을 밝혔다.[6]

정서적 학대의 정의를 축소하는 법률안에 대해서도 찬반 논의가 활발하다. 개정 법률은 "반복적·지속적이거나 일시적·일회적 행위라도 그 정도가 심한 것으로 판단되는 경우"로 정서적 아동학대 범위를 축소하고, "정당한 학생생활지도를 포함하여 사회통념에 반하지 않는 교육·지도 행위"는 정서적 아동학대에서 제외하고 있다.[7] 그런데, 이에 대해 민주화를위한변호사모임 등 41개 단체가 "아동복지법 및 초·중등교육법 개정안에 대한 심각한 우려를 표명한다"는 제목으로 공동성명을 발표했다.[8] 성명에 참여한 단체들은 UN 아동권리위원회 등이 방임이나 심리적/정서적 학대 등 비신체적이고 비고의적 형태의 해악의 영향을 중요성이 덜한 것으로 해석하지 않아야 한다고 강조한 것을 환기하고, "일시적·일회적 행위라도 그 정도가 심한 것"으로 학대를 한정하면 아동학대 개념을 왜곡할 것을 우려했다. 서이초 교사 사건 직후에는 이견 없이 일사천리로 교권 5법을 개정했지만, 22대 국회 개원 이후 입법 논의 과정에서는 갈등이 노출되고, 사안에 따라서는 적대

---

5 2024년 7월 19일. 참교육을 위한 전국 학부모회 외 40개 단체 공동 성명서.

6 연합뉴스, 2024. 9. 26. "교총, 국회 교육위에 "학생인권법안 철회" 의견서 전달"

7 백승아 의원 대표 발의(2024. 7. 5.) 「아동복지법 일부개정법률안」

8 2024. 7. 19.

적인 대립 양상으로 발전하고 있다.[9]

방어적 교육활동

학교에서는 과거에 보기 어려웠던 일이 일어나고 있다. 2022년 현장체험학습 중 버스 운전기사의 부주의로 초등학생이 사망한 사건이 발생했는데, 당시 체험학습을 인솔한 교사 두 명이 업무상 과실치사 혐의로 기소되고 1심에서 유죄 판결을 받게 되면서, 현장체험학습을 둘러싼 갈등이 심화하고 있다. 어떤 초등학교에서는 교사들이 체험학습을 유보하기로 했으나 학부모가 항의하자 교장이 교사 설득에 나섰고, 또 다른 학교에서는 현장체험학습을 하지 않기를 바라는 교사들과 체험학습 실시를 원하는 교장과 교감이 대립하고 있다. 교장과 교감이 현장체험학습에 동행하지 않자, 교사들이 '모든 책임을 교사들에게만 돌리려는 것'이라며 반발하는 학교도 있다.[10]

이른바 '노랑버스' 사건은 교사들이 현장체험학습을 주저하게 만드는 또 하나의 도화선이 되었다. 2022년 법제처가 '만 13세 이하 어린이는 비상시적 현장체험학습에도 어린이 통학버스를 이용해야 한다'는 법령 해석을 내놓았다. 그런데 이 해석이 현장체험학습 인솔 교사를 기소한 사건과 겹치면서 "혹시 모를 사고가 발생하면 모든 민원은 교사에게 몰릴 것"이라거나 "위험을 감수하면서까지 체험학습을 갈 수는 없다"는 의견이 높아졌다. 그런 체험학습을 취소하는 학교가 많

---

9 학생인권보장법 제정안을 둘러싸고 국회 홈페이지 입법예고 등록 의견란에 찬반 논의가 뜨겁게 전개되고 있다.

10 강원도민일보, 2024. 5. 7. "현장체험학습 vs 교육과정 파행 '갈등의 골'"

아졌다. 경찰은 현장의 혼란을 최소화할 방안이 도출될 때까지 단속이 아닌 계도·홍보에 나서겠다고 안내하고, 교육청은 "현장체험학습 시 일반 전세버스를 이용하다 발생한 사고에 대한 책임을 교사들에게 묻지 않고, 학부모가 교사 개인에게 제기할 수 있는 민사상 책임에 대해서는 교육청이 공동 대응하겠다"고 안내했지만, 현장체험학습 취소의 흐름을 막지 못했다. 한 언론에서는 이제 체험학습이 추억 속으로 사라질 수도 있다고 했다.[11] 서울 교육청의 경우 관내 605개 초등학교 중에서 1일 현장체험 학습이 2023년 598개교 5,223회에서 2024년 452개교 2,611회로, 수련 활동도 2023년 124교에서 2024년에는 64교로 줄어들었다.

한 지역에서는 학부모 대상 공개수업을 취소하는 학교들이 나타났다. 학부모 민원으로 인한 사고가 잇따라 보도되자 학부모와의 만남을 부담스러워하는 교사들이 늘었기 때문이다. 교실 수업을 공개하면 부모들이 자녀의 학습을 직접 볼 수 있고, 학교 교육에 대한 학부모의 이해를 높이고 신뢰를 쌓을 기회로 생각하여 학교에서 적극적으로 추진해 온 일이지만, 많은 학교에서 취소되어 버렸다.[12]

이처럼 과거 학교에서 이루어졌던 일 가운데 일부가 사라지고 있다. 교권 침해 우려가 있다는 이유로 학부모와 학생과의 만남을 기피하는 교사들이 늘면서 출결 관리를 제대로 하지 않거나 아이들과의 상담을 꺼리고 퇴근 후에는 전화를 받지 않는 교사가 늘었다. 법률을 위반하지는 않지만 매우 소극적으로 직무를 수행하는 양태가 나타나

---

11 전북도민일보, 2023. 9. 12. "식지 않는 '노랑버스' 사태…유예에도 현장체험학습 줄취소, 추억 속으로 사라질까"

12 대전일보, 2023. 10. 11. "학부모 대상 공개수업 교사가 거부(?)"

는데, 한 연구는 "서이초 교사 사건 이후 방어적 교육활동이 늘었다"고 진단한다.[13]

사라진 이름, 학부모

한 언론은 안타까운 사고 이후 학교의 변화를 "서로 선 긋는 교실 모두 무기력해졌다"라는 제목으로 보도했다.[14] 교사와 함께 학부모 역시 무기력해졌다. 사고 이후 학교가 '노키즈존'이 아니라 '노학부모존'으로 변하고 있다는 지적도 제기됐다.[15] 젊은 교사를 죽음에 이르게 한 학부모에 관한 보도가 이어지면서, 학부모는 한순간 '악성 민원인'이 되어버렸다. 흔하지 않은 일이 보도되지만, 보도를 보면 그 흔하지 않은 일이 흔한 일인 것처럼 인식된다. 자녀가 학교에서 다친 일을 핑계로 교사에게 돈을 뜯어낸 학부모 등 진상 학부모, 학부모 갑질 사건 등 보도가 계속되면서 학부모는 '공공의 적'이자 '마녀'가 되어버렸다.

사건이 일어난 바로 다음 학기, 적지 않은 학교에서 사전에 허락받지 않은 채로 학교에 들어올 수 없다는 공지를 학부모들에게 보냈다. 담임교사와 상담할 수 있는 기간이 다가왔지만, 특별한 사정이 있지 않은 경우에는 상담하지 않는다고 통보한 학교도 있었다. 학부모들이 자녀 수업을 참관할 수 있는 공개수업을 취소한 학교가 속출했다. 학부모들이 학교로 들어갈 수 있는 길은 점점 좁아졌다. 몇몇 교육청은

---

13 김성천, 교사들의 방어적 교육활동의 양상과 비판적 성찰-서이초 사건 전후의 흐름을 중심으로-, 교육비평 55호, 2024. 119-177.

14 경향신문, 2024.7.17. "서로 선 긋는 교실 모두 무기력해졌다"

15 남궁수진, 학부모는 교문 안으로 들어올 수 있는가, 오늘의 교육 77호, 2023, 57-76.

학부모를 지원하는 정책을 줄였다. 지난 십여 년 이상 학부모는 교육의 주체라면서 학부모들의 연대를 촉진하고, 학부모들의 학교 지원과 참여를 장려하는 정책을 펴 왔지만, 한순간 태세를 전환했다. 교육부는 '학부모 관련 부서'를 부활하고, 학부모 정책 방안을 내놓았는데, 학부모를 '계도'하고 '지도'하는 대상으로 바라보는 시각이 여과 없이 드러났다.[16] 학부모는 민원인이고, 악성 민원인 출현을 예방하기 위해서는 교육하고 계도해야 한다. 악성 민원인이 나타나면 곧장 처벌해야 한다는 식의 생각이 널리 퍼지고 있다. 교사와 함께 자녀 교육을 고민하고, 학교 발전을 도모할 교육 주체인 학부모는 시나브로 사라지고 있다.

소용돌이 안의 어지러움

그동안 내재되었던 문제가 터져 나왔고, 신속하게 그 문제를 해결하기 위한 조치가 취해졌는데 새로운 혼란이 불거지고 있다. 학부모는 자녀 교육에 대해 자신의 의견을 학교에 제출할 수 있다. 그런데, 근래에는 학부모라는 단어 뒤에 '의견'보다 '민원'이 더 자주 결합한다. 물론, 이 경우 '민원'은 교사들의 교육활동을 어렵게 하는 부정적 색조와 의미를 띤다. 과도하거나 쓸데없는 요구, 불필요하게 교사의 일을 방해하는 것, 들어왔으니 처리해야 하는 것—'민원'이라고 할 때 떠오르는 생각들이다. 학부모들이 학교 교육에 대해 의견을 제시하거나 불만을 제기하면, 그것은 모두 '민원'인가? 학부모들이 학교에 대해 어떤 주장을 한다면, 그 주장은 전부 민원으로 처리해도 되는 것일까?

---

16 교육부, 2024.4.30. 「모든 학생의 건강과 성장을 위한 학부모 정책의 방향과 과제」.

이런 혼란은 학교 교육에 대한 건강한 참여자인 학부모와 '진상' 학부모의 구분을 흐리게 하고, 사실상 대다수 학부모를 '악성 민원인'으로 내몰고 있다. 교사 스스로 자신의 일을 규정하는 데서도 혼란이 나타난다. 현장 체험학습이나 학부모 공개수업을 둘러싼 논란에서 확인한 것처럼, 과거 교사들이 해오던 일 중 일부를 교사들이 거부하는 경우가 나타나고 있다. 그렇지 않아도 각종 행정 사무 때문에 교사들이 교육에 집중할 수 없는 어려움을 호소해 오던 차에 학부모들, 나아가 학생들과는 불가근불가원(不可近不可遠)이 최선이라는 생각이 확산하면서, 그들과 관련된 일이 자연스럽게 축소되고 있다. 교사들은 수업 전문성에 집중하는 대신 학생·학부모와의 관계에서 방어적인 태도를 취하는 경향이 나타난다. 교직 소명 차원에서 언급되던, 봉사·희생·헌신·돌봄·마음 끌어안기 등의 덕목 대신 '무관심', '불개입', '최소한의 관계 맺기', '책잡히지 않기' 등이 우선되는 것이다. 교사들 스스로 자기 보호 차원에서 '건조한 사무적 관계'를 선호하게 된다.[17]

서이초 사건 발생 후 2023년 여름, 뙤약볕 아래 모였던 교사들은 법률 개정을 강력히 요구했다. 그 요구를 받아들여서 교육부와 국회는 다섯 개 법률을 빠르게 고쳤다. 하지만 학교 현장에서 법률 개정의 실효성은 확인되지 않았고, 22대 국회가 열리자 이를 보완한다는 명목으로 입법 경쟁이 벌어지고 있다. 법률이 교사와 학부모 사이의 교육적 관계 정립에 도움을 주기도 하지만 교육의 역할을 법정으로 옮기는 기제가 되기도 한다. 사회 여러 부문에서 법률이 많아지고, 교육 관련 법률이 급증하는 등 법화사회(法化社會)가 가속화하지만,[18] 법률

---

17 이수광, 학부모, 교육 주체로 다시 호명하기, 오늘의 교육 77호, 2023, 82-83.
18 김용, 법화사회의 진전과 학교 생활세계의 변용, 교육행정학연구, 35(1), 87-112.

이 교육을 구원할 수 있을까?

우리는 여전히 소용돌이 안에서 어지럽게 돌아가고 있다. 많은 사람이 혼란을 겪고 우울감을 경험하고 있다. 서로 선 긋는 교실에서 모두가 무기력하다. 긍정적인 미래를 그리기보다는 현상 유지에 급급하거나 부정적인 생각을 하는 사람들이 많아지고 있다. 신속한 정책은 충분한 답이 아니었다. 법률은 만능열쇠가 아니다. 우리는 교사와 학부모를 둘러싼 문제를 더 넓게, 더 깊게 들여다보아야 한다.

이 책에서는 1980년대 이후 한국의 교사와 학부모 관계에 영향을 미친 중요한 사건들을 다시 생각해 보고자 한다. 2023년 실시한 대규모 설문조사 결과를 다시 검토하면서 오늘의 교사와 학부모가 서로 어디를 바라보고 있는지 살펴본다. 그동안 한국 사회에서 만들어진 정책과 법률, 우리보다 먼저 '괴물 학부모'가 드라마로 방영되었던 일본 등 외국의 사례를 검토하면서, 우리가 개선해야 하는 일을 찾아본다. 담장을 높이고 서로가 서로에게 선을 긋는 정책은 결코 성공할 수 없다. 학교라는 교육공동체가 상호신뢰와 협력을 위해 필요한 제도는 만들고, 서로 존중할 수 있는 새로운 교육협약을 만들어가는 것이 이 소용돌이를 벗어나는 유일한 방도다.

2장
교사와 학부모 관계가 바뀐
여섯 가지 계기

    2020년대 학부모는 교사를 신성불가침의 권위를 지닌 존재로 보지 않는다.[1] 한편 교사는 학부모를 아동 교육 과정의 협력자이자 동반자로 보지 않는다. 서로를 바라보는 관점의 변화는 양자의 관계에서 갈등을 일으켜 왔다. 2023년 발생한 서이초에서의 사건과 이후 일련의 '교권 침해' 사건들은 교사와 학부모 간 갈등 관계가 매우 심각한 수준임을 보여주었다. 이런 관계는 어느 순간 갑자기 발생하지 않았을 것이다. 서로를 보는 시각에 변화를 가져온 작은 일들이 쌓이고 쌓인 끝에 만들어졌고 지금도 변화되는 과정일 것이다. 이를 교육역사사회학에서는 '형성'이라는 개념으로 설명한다. 어떤 교육 현상이든 갑자

---

[1] 이 장은 김용 외(2023). 학교교육 당사자 간 관계의 변화 및 대응에 대한 정책·입법 분석. 서울교육정책연구소 위탁연구보고서2023-80과 김용·양희준(2024). 교육권 개념의 형성과 교사-학부모 관계의 변화. 교육정치학연구 31(3). pp.89-112의 내용 중 일부를 수정·보완하여 작성한 것이다.

기 출현한 것이 아니며, 짧지 않은 기간 동안 사회 구조와 그 안에 사는 사람들의 행위 간 상호작용에서 빚어져 온 것으로 봐야 한다는 설명이다. 이런 관점에서 볼 때, 현재의 현상을 가장 쉽게 이해하는 방식은 과거의 과정에 접근하는 것일 수 있다. 과거를 이해하는 것은 우리가 목격하는 교육 현상을 이해하는 데 도움이 된다.

이 장에서는 1980년대부터 현재에 이르기까지 교원과 학부모 관계의 변화에 적지 않은 영향을 끼쳤을 것으로 보이는 역사적 계기들을 살펴보려고 한다. 수많은 사건이 있었고, 그것들이 우리의 의식에 영향을 끼쳐왔지만, 그 계기를 더 객관적으로 선정하고자 1987년 이전부터 교직 생활을 했던 퇴임 교사 4인의 도움을 받았다. 이들은 1987년 이전 교직 사회의 분위기와 교원-학부모 관계, 1987년 이후 교원-학부모 관계에 영향을 준 사건들에 대해 증언해 주었다. 이들이 제시한 역사적 사건들은 다양하지만 여기서는 3인 이상이 공통적으로 언급한 사건들을 다루었다. 사실 확인 등이 필요한 부분은 언론 기사나 연구물 등의 자료를 활용하여 보완했다.

1987년 민주화 이전 위계적인 교사-학부모 관계

1987년 민주화운동 이전 우리 사회에는 '전근대적'이라 할 만큼 비민주적이고 권위주의적인 분위기가 팽배했다. 학교 현장도 예외는 아니어서 교직원 사회는 교장부터 교사에 이르기까지 위계가 뚜렷했다. 당시 교육법 제75조가 "교사는 교장의 명을 받아 학생을 교육한다."고 규정하고 있었던 것은 이를 상징적으로 보여준다. 교장은 교직원 사회 내 권력의 정점에 있었다. 교원 평가의 전권은 교장에게 있었다. 지금도 그렇지만 교원의 승진 가능성이 매우 낮았고, 교사가 교육청의 장학사가 되어 상급 교육행정 체제로 편입할 수 있는 경로도 매우 좁았다. 교장과 교사의 관계가 위계적이었던 것처럼 교원과 학부모의 관계에도 적지 않은 위계적 분위기가 존재했다. 양자의 관계에서 교원은 압도적 우위에 있었다. 학부모는 '육성회' 같은 일종의 학교 후원 조직에 참여하거나 '치맛바람'을 행사할 수 있었지만 학교의 공식적인 의사 결정 과정에는 참여할 수 없었다. 따라서 학부모들은 교사를 통해 전달되는 학교의 지시를 '따르고', 학교를 '믿고', 자녀들을 '맡겼다.' 그만큼 학교 운영은 매우 폐쇄적이었으며, 학교가 학사 운영과 관련된 거의 모든 것을 일방적으로 결정해도 학부모들의 문제 제기나 민원 제기는 흔치 않았다. 학부모와 교사 간 소통도 매우 제한적이었고, 있더라도 의례적인 것인 경우가 많았다. 자녀 문제로 교사에게 상담을 요청하는 경우란 학생이 소위 '사고를 친 경우' 외에는 매우 드문 일이었다. 학부모들은 종종 '동원' 대상이 되었으며, 소풍(교외 체험학습)이나 운동회 같은 학교 행사에서 교사에게 식사 등 편의를 제공하는 역할을 하는 경우도 많았다. 교사에게 금품을 제공하는 이른바 '촌지' 문화가 횡행했다는 것은 그만큼 교사-학부모 관계가 상-하의 위계적인 관계였음을 보여준다.

교원과 학생 관계도 마찬가지였다. 학생 인권에 대한 교사나 학부모의 감수성이 매우 낮은 때였다. '단체 기합' 같은, 군대에서나 있을 법한 일들이 학교에 만연했고, 학생 체벌이 당연한 것으로 받아들여졌다. 교사들은 학생 사회의 강자를 물리적·사회적으로 제재하고 통제할 수 있는 권력과 수단이 있었으며, 학생 간 갈등이나 학부모 간 갈등을 조정하기도 했다. 교사의 심판자적 판단에 학부모나 학생은 대부분 승복했다. 교원-학부모·학생 간 위계가 명확했던 시기에 학부모-교사(학교) 간 소송은 매우 드문 일이었다. 체벌 후유증을 이유로 학부모의 고소가 발생하기도 했지만, 법정에서도 '훈계 목적의 체벌은 불법이 아니'라는 판결이 내려지기도 하는 등,[2] 당시의 교사-학부모 관계는 상당히 강한 위계적인 기반 위에 놓여 있었다고 볼 수 있다.

사회 민주화와 '교사는 노동자' 담론의 확산: 전교조 출범(1989)

1987년 민주화 이후 사회 여러 영역에서 '민주화'를 위한 노력이 분출되었다. 교육 분야도 예외는 아니었다. 1980년대 이전부터 이어져 온 교사운동이 1980년대 이후에도 지속되었다. 1985년의 《민중교육》 사건, 1986년의 '교육민주화 선언'에 이어 1987년에는 '전교협(전국교사협의회)'이 조직되었고, 1988년에는 '민주교육법 쟁취 전국 교사대회'에 교원 1만여 명이 운집할 정도로 교사 운동의 열기는 뜨거웠다. 1989년에는 전국교직원노동조합(전교조)이 결성되었다. 출범 당시 전교조는 '민족·민주·인간화 교육'이라는 기치를 내걸었는데, 과열 입시 경쟁과 교육 현장의 권위적이고 통제적인 분위기에서 대중의 큰 호응을 얻었다.[3] 그러나 전교조 출범은 '교사도 노동자'라는 주장과 '교직은 성직(聖職)'이라는 주장의 대립을 야기했다. 전교조 출범을 지지하는 교사들은 '교직은 성직'이라는 주장이 교사들의 열악한 처우를 감내하게 하고 '문교 행정의 말단 하수인 노릇'을 지속하게 한다며 반발했다.[4] 그

---

2 경향신문, 1984.3.28. "서울高法 原審 확정—訓戒 목적 體罰은 不法 아니다"

3 오성철 외(2015). 대한민국 교육 70년. 서울: 대한민국역사박물관.

4 한겨레신문. 1988.7.10.

러나 '교사는 부단한 지적 연찬과 함께 그 사회가 바라는 도덕적 규범을 몸소 실천해야 하는 성직'[5]이라는 주장도 강했다.

우여곡절 끝에 1989년 5월 28일 전교조는 결성대회를 열었고, 노동부에 노조설립신고서를 제출했다. 교원의 노조 결성과 가입에 관한 법규가 없던 당시 전교조는 법외 노동조합으로서 1999년 1월 교원노조법이 제정될 때까지 근 10년 동안 일종의 임의단체로 남아있을 수밖에 없었지만, 전교조는 학교 현장에서 '촌지 거부 투쟁' 등 교육 현장의 민주화를 위한 다양한 활동을 벌였고, 평교사들의 의견도 점차 학교 운영에 영향력을 지니게 되었다. 1980년대 후반 전교조 출범 이래 교사의 처우와 지위는 꾸준히 향상되었다고 할 수 있다. 그러나 그것은 직업 세계 내에서의 지위 향상과 처우 개선만을 의미하는 것이었다고 할 수 있다. 교직이 성직이냐, 교사가 노동자냐의 논란이 정리되지 않은 채로 노동조합이 현실 속에 하나의 사회적 행위자(agency)로 자리하게 됨으로써 '교사는 노동자'라는 담론이 힘을 갖게 되었다.

교원노조 출범이 '노동자의 권익 향상'이라는 사회적 흐름에서 교사의 처우와 지위 향상으로까지 이어진 것은 분명하다. 그러나 '교직은 성직'이라는 담론은 힘을 잃어 갔다. 이 담론에는 '교직은 고귀한 일'이라는 의미만 있었던 것이 아니다. '교사는 노동자다'라는 담론의 반대편에 있었던 만큼 이 담론에는 '교사는 전문가다'라는 주장도 포함되어 있었는데, '교직 = 성직' 담론이 쇠퇴하면서 교사를 '전문가'로 보는 담론도 서서히 쇠퇴했다. 요컨대, 전교조 출범은 우리 사회에서 교사를 '전문가' 혹은 '성직자'로 보는 관점의 쇠퇴를 가져오는 계기가 되었다고 볼 수 있다.

---

5 동아일보. 1988.8.17.

교원, 학부모 모두 같은 학교운영위원: 학교운영위원회의 제도화(1996)

학교운영위원회는 "학교 운영의 자율성을 높이고 지역 실정과 특성에 맞는 다양하고도 창의적인 교육을 할 수 있도록"(초·중등교육법 제31조 제1항 '학교운영위원회의 설치') 국·공·사립의 모든 초·중·고등학교와 각종학교, 특수학교에 설치하도록 정해져 있는 법정 기구다. 학교운영위원회는 5명 이상 15명 이하의 인원으로 해당 학교의 교원 대표, 학부모 대표, 지역사회 인사로 구성한다(법 제31조 제2항 내지 제3항).

학교운영위원회 설치는 1995년 5·31 교육개혁안을 통해 제안되었고, 1995년 하반기 시범운영을 거쳐 1996년 시 지역 이상 국·공립학교에서 시행되었다. 이후 읍·면 지역 학교로 확대되었고, 2000년도부터는 사립학교에도 설치되었다.

학교운영위원회는 학교 교육에 관한 다양한 사항을 심의한다. 학칙 제정과 개정, 학교 예산안과 결산, 교육과정 운영 방법, 교과용 도서와 교육 자료 선정, 교복 등 학부모 경비 부담 사항, 방과 후와 방학 중의 교육활동 및 수련활동, 학교급식, 학교 운영에 대한 제안 및 건의 사항 등이 심의 사항에 포함된다.

학교운영위원회의 법제화는 다음과 같은 점에서 학교 사회에 큰 반향을 불러일으켰다. 첫째, 학교의 중요한 의사 결정에 평교사는 물론 학부모도 참여할 수 있게 되었다는 점이다. 1980년대와 그 이전에는 교직사회 내 교원 간 관계, 교원-학부모 관계가 매우 위계적이었고, 학교의 주요한 의사 결정에 학부모가 관여할 수 없었다. 그러나 법적 근거를 지닌 기구가 설치됨으로써 평교사는 물론 학부모 대표, 심지어 그동안 학교 운영과는 별 관계가 없었던 지역 사회의 인사까지 학교

운영위원이 될 수 있게 된 것이다. 둘째, 학교 운영과 관련된 거의 모든 사안이 학교운영위원회에서 다루어진다는 점이다. 학칙 제정과 개정은 물론, 예산안과 결산에 대해서도 심의 권한을 행사한다. 교육과정 운영방법도 심의 사항이고, 학부모 경비 부담 사항도 심의하게 되어 있다.

학교 운영에서 이런 변화는 학교 교육 당사자 간 관계에 큰 변화를 가져왔다. 우선 교장이나 교감 등 관리자와 일반 평교사의 관계에 변화가 생겼다. 조직의 위계 내 상하 관계가 기존의 유일한 관계였다면, 학교운영위원회에서는 관리자-교사가 상하 관계가 아닌 다른 관계를 맺게 되었다. 학교운영위원회에는 평교사가 교사 위원으로 참여하게 되는데, 운영위원회에서 교장은 위원들에 대해 상급자의 지위가 아니기 때문이다. 교장·교감과 교사는 각각 학교의 관리자와 학교 운영 심의자로서 이전과는 사뭇 다른 관계를 맺게 되었다.

교사-학부모 관계에도 변화가 생겼다. 종래의 교원-학부모 관계에서 교원이 우위에 있었고 학교 운영의 제반 사항에 결정권이 있었다면, 학교운영위원회 설치 이후에는 학부모도 의사결정권을 갖게 되었다. 학부모 위원도 교사 위원과 마찬가지로 동등한 위원으로서 학교 운영위원회에 참여하므로 교사와 학부모의 관계가 평등해졌다고 볼 수 있는 것이다.

학교운영위원회 설치와 운영으로 인한 교원-학부모 관계의 변화는 학부모 입장에서 보면 학교 참여의 권리가 신장된 것이고, 교원과의 관계가 평등해진 것으로 볼 수 있다. 그러나 교원 입장에서 보면 과거에 비해 교원의 권위가 실추되고 권력이 약화한 것으로 볼 수 있다. 더욱이 학교운영위원회가 법정 기구라는 점은 학교운영위원회가 전제하는 교원-학부모 간 평등한 관계가 문화적인 수준을 넘어 법과 제도 속으로 뿌리 내리게 되었다는 것을 의미한다. 또한 학교운영위원회 구성에서 수요자 중심 교육을 표방하면서 학부모 위원과 지역 위원의 비중을 교원 위원보다 높게 하고 교원-학부모 관계에서 수요자-공급 자 개념이 형성되기 시작했다.

평가받는 교사: 교원성과급 제도 도입(2001)

교원성과급 제도의 연원은 1995년 대통령 직속 교육개혁위원회의 교원 '차등 보수' 주장으로 거슬러 올라간다. 교육개혁위원회의 제2차 대통령보고서에 수록된 개혁 과제 '품위 있고 유능한 교원 육성' 부분 의 세부 과제에 '능력 중심 승진·보수체계로의 개선'이 있었다. 보수체 계 개선 부분에 '일의 양과 어려움에 따른 차등 보수' 내용이 등장한 다. 교원성과급은 이후 1996년과 1997년에 '교육공무원 특별 상여 수 당'이라는 명칭으로 교원 근무평정 성적 상위 10% 이내의 교원에게 연 1회 지급되었다가 1997년 경제 위기 이후 중단되었다.

일반직 공무원을 대상으로 한 성과급 제도는 IMF 구제금융 사태 이후 등장했다. 연공서열 중심의 공직 사회 분위기를 전환하기 위해 기업과 같은 성과 중심의 인사관리 체계 도입이 논의된 이후 고위 공 무원에 대한 연봉제 도입, 과장급 이하 공무원에 대한 성과상여금 제 도가 도입되었다.

그러나 교원에 대한 성과급제는 그로부터 몇 년 뒤인 2001년에야 도입되었다. 당시 정부의 발표에 교원들의 반발은 상당했다. 전교조는 교원 8만 1천여 명이 참여하는 성과급 반납 투쟁을, 교총은 21만 교원청원 운동을 벌였다. 당시 정부는 교장과 교감에게도 성과연봉제를 적용하려 했는데 교총의 강력한 반발로 무산되었다.

교원성과급제는 "교직사회 내부의 경쟁을 유도하여 교육의 질을 개선함과 동시에 외재적 보상을 통한 교원의 사기진작"[6]을 취지로 시작되었고, 현재까지 20년 이상 지속되는 제도다. 그러나 교원단체들은 근무평정제도와의 중복 등 여러 가지 이유로 철회를 주장할 뿐 아니라 일부 교사의 경우 비공식적인 방법으로 성과급 균등 분배에 참여하고 있다. 여전히 많은 쟁점을 지닌 제도인 것이다.

무엇보다도 교사들이 수행하는 교육활동의 특성상 그 성과를 단기적으로 평가할 수 없다는 주장이 있다. 이에 정부 측에서는 교육활동의 성과는 '결과적 측면'과 '과정적 측면'을 모두 포함하는 개념이므로 평가 대상이 될 수 있다는 주장을 펴 왔다. 교사들은 '성과급'이 당연히 받아야 할 급여의 일부라는 주장도 편다. 그러나 이 주장에 대해서는 성과급이 별도의 재원으로 운영되므로 성과급이 아닌 다른 명목으로 지급할 수 없다는 주장도 대립하고 있다.[7]

교원성과급제 도입이 학교교육 당사자 간 관계에 미친 영향에 대해 한 교사는 '교원 사회를 분열시켰다'고 분석했다. "학교는 점수 산정에서 1학년이 더 힘든가 6학년이 더 힘든가, 이 업무가 더 힘든가 저 업무가 더 힘든가, 담임이 힘든가 부장이 힘든가, 특수교사가 힘든가 일반교사가 힘든가로 싸우기 시작했다"는 것이다.[8]

---

6 전제상(2010). 교원성과상여금제도의 운영실태 평가. 한국교원교육연구 27(3). 한국교원교육학회. 69-92.
7 한국교육신문(2020.2.5.). '계륵' 교원성과급, "이제 결단이 필요하다"
8 에듀프레스(2020.12.16.). "교원 성과상여금이 만든 학교의 민낯"

성과급 제도 시행 이후 학부모가 교원을 바라보는 시각에는 작지 않은 변화가 생겼다. 무엇보다도 교사를 평가할 수 있는 대상, 평가받는 대상으로 보게 된 것이 큰 변화다. 교원성과급제가 IMF 이후 공직 사회 전반에 경쟁원리에 입각한 인사제도 도입의 맥락에서 논의되었다는 점을 고려하면, 교원성과급제 도입은 교사를 다른 공무원과 동일한 존재로 보는 관점이 제도적으로 수용된 것이라고도 할 수 있다. 이는 앞서 살펴본 바 있는 '교사도 노동자'라는 담론과 연결된다. '교사도 (다른 노동자와 마찬가지로) 평가받아야 한다'는 시각이 제도화된 것이다.

교사의 진학 지도보다 학부모의 지원이 더 중요해진 대입: 수시 입학 전형 확대(2001년 이후)

대학 수시 입학 전형은 대학의 '정시모집'을 제외한 기간에 이루어지는 전형이다. 각 대학이 자율적으로 모집 기간과 선발인원을 정하여 실시하는데, 대학수학능력시험 전에 치러지는 경우가 많다.

대학 수시 입학 전형은 1997년부터 시작되었다. 대학 정원 및 학사 운영 자율화와 연계하여 신입생을 연중 수시 선발할 수 있게 한 것이 그 출발이다. 1997년에는 신입생의 1.4% 정도만이 수능에 앞서 수시 전형으로 선발되었다. 그러나 10년 뒤인 2007학년도 대입에서는 정원의 51.5%로 확대되어 정시 모집 인원을 넘어섰고, 다시 10년이 지난 2018학년도에는 대입 전형에서 수시 비중이 70%까지 높아졌다.[9]

대입 전형에서 '수시' 비중이 높아진 배경으로는 여러 가지를 들 수 있지만 첫째, 그전의 대입 전형이 '수능' 중심의 획일적인 기준을 주로

---

9 중앙일보(2018.5.10.). "수시는 어떻게 대세가 됐나"

사용함으로써 중등교육이 입시 위주 교육으로 파행적으로 운영되어 왔다는 비판을 들 수 있다. '수시' 전형에서는 수능 성적 외 다양한 기준을 활용하여 학생을 선발하므로, 학생들은 학교생활기록부에 대학 입시에 도움이 되는 기록이 기재되도록 동아리 활동이나 다양한 독서 활동, 봉사 활동 등에도 노력하게 되었다.[10]

둘째, 대입에서 수시 모집 비율이 급증했던 또 다른 이유는 수시 전형이 고등학교와 대학의 각기 다른 요구에 대체로 부합했기 때문이라고도 볼 수 있다. 고등학교 교사들은 학교생활기록부 기록 권한이 있기 때문에 이를 통해 학생에 대한 높은 수준의 통제력을 지속적으로 발휘할 수 있었다.[11] 대학 입장에서는 수능시험에 앞서 다양한 전형 자료를 활용함으로써 소위 '우수학생'이나 대학의 인재상에 부합하는 신입생을 선발하는 효과를 누릴 수 있었다.[12]

그러나 수시 입학 전형 확대는 대학 입시 준비에서 '교사 역할 축소'와 '학부모 지원 영역 확대'를 동시에 초래했다. 수시 전형을 통한 대학 입학을 위해서는 학생부 종합 전형, 학생부 교과 전형 등 다양한 전형의 특징을 잘 이해하고 대비하는 일이 필요한데, 이는 주로 학생과 학부모 몫이다. 학생들은 자기를 계발하고 통치하는 존재로 변화하고,[13] 학부모는 이를 지원하는 역할을 부여받았다. 과거 대입 전형 요소가 '내신'과 '수능' 등으로 비교적 단순했을 때는 학생의 대입 준비

---

10 이현, 김용, 박대권(2023). 우리 아이의 입시는 공정한가. 서울: 지식의 날개.

11 안선회(2018). 학생부 중심 대입제도의 추진 과정과 정책 문제 분석. 교육문화연구 24(6). 인하대학교 교육연구소. 87-116.

12 중앙일보(2018.5.10.). "수시는 어떻게 대세가 됐나"

13 김범석(2020). 학교생활기록 기반 교육평가 장치의 계보학. 박사학위논문. 한국교원대학교.

에 교사가 미치는 영향이 컸고 개입할 여지도 많았다. 그러나 수시 전형이 다양해지고, 전형 준비의 주도성이 학생과 학부모로 넘어감으로써 자녀의 대학 입학 지원에서 학부모의 권한과 역할이 확대되었다. 최근 수시 전형을 비판하는 담론을 들여다보면 '금수저 전형' 등 공정성에 관한 내용이 대부분인데, 이는 대입 수시 전형에서 가정 배경의 영향, 즉 학부모의 영향력이 커진 세태를 반영하는 것으로 보인다.

수시 전형 확대가 교원-학부모 관계의 변화에 미친 영향으로는 '대입이라는 교육 결과에 미치는 교사 영향력 축소'와 그에 따른 '교사 권위의 하락'을 들 수 있다. 수시 전형에서는 학생의 재학 중 경험 기록, 즉 이른바 '스펙'이 중요하다. 이 때문에 학생이 대학교수나 연구원의 논문 작성에 참여하거나 국내·외에서의 각종 봉사 활동 기회를 갖는 것이 중요했고, 여기에는 교사의 역할보다는 학부모의 지원이 긴요했다. 또 입학 전형에 필요한 자기소개서 등 서류 작성을 도와주는 소위 '학교 대행 기관'이 출현·성행하고 있고, 대입 지원 서류 작성 과정에서 교사들은 서명만 해주는 형식적인 역할만 하는 경우도 발생한다. 요컨대, 학생의 고교 교육 경험을 다양하게 함으로써 창의적 인재를 길러내겠다는 취지에서 추진된 대학 입학 전형의 다양화와 그 주요한 축을 담당했던 수시 입학 전형의 확대는 학부모의 지원과 개입의 여지를 넓힘으로써 교원의 역할과 권위를 서서히 약화시키는 예상밖의 결과를 낳았다고 볼 수 있다.

교사-학부모 간 상호 협력 관계의 균열: 학교폭력 관련법 제·개정 (2004, 2012)

2004년 1월 학교폭력예방법(학교폭력예방 및 대책에 관한 법률)이 제정되고, 같은 해 7월부터 시행되었다. 소위 학교폭력은 이 법이 제정되기 전에도 종종 사회문제로 등장했다. 정부 당국은 1990년대 중반에도 '학교폭력 근절 종합대책' 같은 정책을 발표하기도 했다.

2004년 제정된 학교폭력예방법에는 학교폭력의 정의부터 학교폭력 대응 절차, 예방교육에 관한 사항 등 학교폭력에 관한 제반 사항이 수록되었다. 주목할 부분으로는 학교마다 '학교폭력대책자치위원회'(이하 학폭위)를 구성하도록 하고, 가해 학생에 대한 조치로 이른바 '강제 전학'의 근거를 마련한 것을 들 수 있다.

그러나 2004년 제정된 법률에서 학교폭력 사안 발생에 대한 학폭위 개최는 필수적 절차가 아니었다. 따라서 일선 학교에서는 학교폭력 사안이 발생하더라도 법적 기구를 통한 해결보다는 관련 교사의 중재나 상담 등을 통해 사안을 처리하는 경우가 많았다.

2011년 대구의 한 중학생 자살 사건은 학교폭력예방법이 대폭 개정되는 계기가 되었다. 한 학생이 같은 반 학우들에게 상습적인 괴롭힘을 당했다는 유서를 남기고 아파트에서 투신한 것이다. 이 사건 이후 개정된 학교폭력예방법에 따르면, 발생한 모든 학교폭력 사안에 대해 학폭위 개최와 가해 학생에 대한 조치 요구가 의무화되었다. 학폭위의 심의 결과에 대한 재심 절차도 마련되었다. 아울러, 학교생활기록 관련 교육부 지침 개정으로 학교폭력 사실을 가해 학생의 학교생활기록부에 기재하게 했다.

이와 같은 법 개정에 대해 '가해 학생 처벌'을 강화하는 방향으로 개정되었다는 비판이 제기되어 왔다.[14] 학교폭력예방법은 제1조(목적)에서 법 제정 목적이 "피해학생의 보호, 가해학생의 선도·교육 및 피해학생과 가해학생 간의 분쟁 조정을 통하여 학생의 인권을 보호하고 학생을 건전한 사회구성원으로 육성함"에 있다고 명시한다. 그러나 2012년 법 개정으로 가해 사실에 대한 판정과 가해 학생에 대한 징계 성격의 조치 기구 성격이 강화되었다.

이런 방향의 법 개정 이후 학교폭력 사안이 발생할 경우, 학폭위의 심의를 거쳐 가해 학생에 대한 모종의 조치가 이루어지고, 그 사실이 가해 학생의 학교생활기록부에 남게 되었다. 이 같은 정책 변화는 많은 학부모에게 매우 민감하게 여겨졌다. 자녀의 미래에 큰 영향을 끼칠 수도 있기 때문이다. 그 결과, 2012년 법 개정 이후 학폭위 결정에 대한 재심 청구와 소송이 빈발해졌다. 학교폭력 관련 업무를 담당하는 교원의 업무 스트레스도 가중되었다.

학교폭력예방법 제정 이후 법 개정과 적용 과정이 교원-학부모 관계에 미친 가장 큰 영향은 무엇보다 양자가 법적 분쟁의 당사자가 되는 사례가 발생함으로써 자녀 교육을 위한 상호 협동의 전통적 관계에 큰 균열이 생긴 것이라 할 수 있다. 학교와 교사는 더 이상 학생 교육에 관한 권위를 내세우거나 인정받기 어려운 처지가 되었다. 학교폭력예방법 제정 이전, 아무런 법적 근거가 없었음에도 학생 간 갈등을 조정하고 심판했던 학교와 교사가 법적 권위를 부여받음으로써 되려 교육적 권위를 잃게 된 것은 역설적이다. 자녀의 학교폭력 사안에

---

14 문영희(2014). 「학교폭력 예방 및 대책에 관한 법률」상 가해학생 조치에 관한 비판적 검토. 법과정책. 14(4). 법과정책연구원. 1905-1932.

휘말리게 된 학부모는 자녀가 '가해 학생'으로 기록되고 낙인찍히는 것을 막기 위해 교원을 상대로 소송을 불사하는 일도 종종 일어난다. 원고인 학부모와 피고인 교원 상호 간에 '지원'이나 '협력', '배려' 등을 기대하기 어렵게 된 것이다.

잠재적 인권 침해자(체벌)가 된 교사: 학생인권조례 제정(2010년 이후)

학생인권조례는 2010년 경기도에서 처음 시행되었고, 이어 광주, 서울, 전북, 충남, 제주 등 모두 6개 시·도에서 제정·시행되었다. 학생인권조례 제정 배경은 물론 학교에서 학생의 기본적인 인권이 보장되지 않는다는 문제의식이다. 2006년 최초로 학생인권 관련 법안(초·중등교육법 개정안)을 제출한 최순영 국회의원의 법안 제안 이유에도 초·중등학교 학생들이 처한 이 같은 현실이 "기본적인 인권이 보장되지 못하는 상황"으로 표현된 바 있다.

당시 학생인권 관련 법안 내용에는 학생들의 의사를 대변할 수 있는 학생회의 설치, 인권 침해적 요소에 대한 금지, 정기적인 인권 실태 조사 및 교육 등이 포함되었다. 이 중 핵심적인 부분은 학교 현장에서의 인권 침해적 요소에 대한 금지인데, 구체적으로는 체벌, 조기 등교, 자율학습 강요, 두발과 복장 및 소지품 검사, 각종 차별 행위 등이 포함되었다.

2006년 당시 제안된 법안은 국회에서 통과되지 못했다. 그러나 2010년 경기도에서 최초로 제정된 학생인권조례에 2006년 법안의 문제의식 중 상당 부분이 담겼다. 특히 제6조(폭력으로부터 자유로울 권리) 제2항에 체벌 금지가 명문화되었다.

'체벌 금지'는 학생인권조례 제정 전부터 오랫동안 사회적으로 논란이 되어 온 주제였다. 학생 지도의 효과적인 수단으로 체벌이 필요하다는 주장과 신체에 고통을 가하는 방식으로 학생을 지도하는 것은 비교육적이라는 주장이 대립해 왔다.

그러나 학생인권조례에 '체벌 금지' 조항이 포함된 것은 일부 교사에 의한 학생 폭행이 언론에 알려지면서 체벌에 대한 부정적 여론이 거세진 것과 관련이 있다. 일례로 이른바 '오장풍 사건'(2010.7.)은 서울의 한 초등교사(별명: 오장풍)가 학생을 대상으로 '가슴팍 밀치기, 벽에 머리 찧기, 내동댕이치기, 걷어차기' 등 폭력을 행사한 것이 학생의 카메라에 찍혀 공개된 사건인데, 이를 계기로 서울시교육청의 체벌 금지 조치가 이루어졌고, 약 1년 뒤에는 서울시 학생인권조례(2012)에 체벌 금지 명문화로 이어졌다.

체벌 금지를 포함한 학생인권조례 제정이 가져온 변화의 하나는 교사들이 학생의 잘못에 대해 가할 수 있었던, 강력하면서도 쉽게 사용 가능했던 처벌 수단의 하나를 상실하게 된 것이다. 체벌 금지 이후 교사들은 이른바 '간접 체벌'(얼차려, 기합)이나 상·벌점제 등을 학생 지도에 사용하기도 했으나 간접 체벌도 인권침해라는 국가인권위의 의결(2011.3.) 이후 이 역시 학교 현장에서 사라졌고, 상·벌점제도도 2010년대 후반 이후 여러 교육청에서 폐지되었다.

학부모 입장에서 학생인권조례 제정이나 학교에서의 체벌 금지와 관련된 일련의 조치는 자녀의 인권이 향상된 수준에서 보장되고, 교사의 교육적이지 못한 폭행으로부터 자녀의 안전을 확보하게 된 계기로 인식되었을 것이다. 그러나 이런 인식은 교원을 학생인권을 침해하거나 학생에게 폭력을 행사할 수 있는 존재로 보는 시각을 전제한다.

학생의 인권을 보호하려는 조치가 학교 교육의 일 주체인 교원을 잠재적인 인권 침해자로 간주하는 것을 허용하는 역설적 계기가 된 것이다. 2014년 아동학대처벌법 제정 이후 낮은 기소율에도 불구하고 교사가 아동학대 행위자로 신고된 경우가 늘어난 것은 학생인권조례 제정 이후 교사를 보는 학부모 시각의 변화와 관련이 있다.

교사-학부모 간 새로운 관계 모색이 필요하다

민주화 이전 교원과 학부모의 관계는 매우 위계적이었다. 교원은 학부모보다 우위에 있었으며, 이런 관계를 기반으로 학교 운영이 이루어진 탓에 학교 교육과 관련된 의사 결정에 학부모의 의견이 반영될 여지가 거의 없었다. 한국 사회의 민주화 이후 근래에 이르기까지 교원-학부모 관계에 큰 영향을 미친 사건으로는 전교조 출범, 학교운영위원회 제도화, 교원성과급 제도 도입, 대학 수시 입학 전형 확대, 학교폭력 관련 법률 제정과 개정, 학생인권조례 제정 등을 들 수 있다. 전교조 출범은 교사의 지위에 관한 대중의 인식을 '성직'으로부터 '노동자'로 이동시킨 결과를 낳았다. 학교운영위원회 제도화는 교원과 학부모의 관계를 더 평등하게 만드는 효과를 가져왔다. 교원성과급 제도 도입은 학부모가 교원을 '평가 대상'으로 보는 계기가 되었다. 대학 수시 입학 전형 확대는 대입에서 교사 역할이 축소되게 했는데, 이는 교원의 '권위 하락'으로 이어졌다. 학교폭력 관련 법령의 제정과 시행은 교원-학부모 관계를 법적 소송 당사자 관계로 전락시켰다. 학생인권조례 제정은 교원을 학생인권을 침해할 수 있는 잠재적 존재로 간주하게 되는 역설적 계기가 되었다.

1987년 민주화 이후 여러 사건이 교원을 보는 관점에 변화를 초래함으로써 교원-학부모 관계를 변화시킨 것은 분명해 보인다. 1987년 민주화 이전 교원은 고결함을 지키는 '성직자'로 간주되었지만 민주화 이후 여러 사건을 거치며 '노동자'로, '평가 대상'으로, '소송 상대'로, '잠재적 학생인권 침해자'로 보는 시각이 생겨났다. 이런 시각들이 오랜 기간 누적되고 겹쳐진 결과 교원의 권위는 과거와 비교할 수 없을 정도로 하락했고, 학교 현장에서 발휘할 수 있는 권력도 크게 약해졌다. 그런데, 앞서 살펴본 각각의 사건들은 학교 현장의 민주화나 교육의 경쟁력 강화, 더 나은 교육 등을 추구하는 과정에서 발생한 사건들이다. 이런 사건들이나 제도 변화가 교원의 권위를 끌어내리려는 목적에서 추구된 것은 아니다. 그러나 의도치 않았어도 결과적으로는 교원의 권위 하락을 야기했다. 각각의 사건들은 교원을 보는 시각이나 관점을 변화시켰다. 어떤 경우, 문제 해결을 위해 법을 제정하고 공식적인 제도를 만든 결과, 아이러니하게도 교원의 권위 하락이 야기되기도 했다. 통상 어떤 사회문제에 대한 정부의 해법은 법과 제도 개선으로 귀결된다. 그러나 법률과 제도, 그리고 사회 구성원의 일상 간에는 모종의 간격이나 빈틈이 있다. 학교 현장은 일상적으로 개인 간의 상호작용이 일어나는 문화적 공간이고, 학교 현장에서의 문제 해결을 위해서는 법률이나 제도적인 접근 외에 문화적인 접근도 필요하다는 점이 간과된 것이다.

지난 30여 년 간 여러 사건을 겪으며 교원을 보는 학부모의 시각이 변했음은 물론 교원-학부모 각 집단의 성격이 변했고 양자의 관계도 깊은 곳에서부터 조금씩 달라져 왔음은 부인할 수 없다. 그러나 학교 현장에 교원을 '노동자'로, '평가 대상'으로 보는 시각만 있는 것은 아니다. 교직의 고결함과 전문성을 인정하는 관점도 여전히 존재한다. 문제는 "시대의 변화에 걸맞은 '새로운 관계'를 어떻게 맺을까"일 것이다. 근래 이루어지는 다양한 제도적·정책적 개선 시도를 통해 '새로운 관계'를 실험함과 동시에 더 넓은 의미에서 '학교 교육'에 대한 새로운 의미 부여 역시 필요한 시점에 있다.

3장

'민원'으로 본 교사-학부모 관계

한국 사회의 급격한 변화 과정, 특히 민주화와 전교조 출범, 수행평가나 학교운영위원회 등 다양한 정책 변화에 따라 전통적인 교사와 학부모 관계가 적지 않게 변화했다. 오늘날 교사와 학부모가 서로를 어떻게 인식하고 교사-학부모 관계는 어떤 양상을 보여주는지, 최근 설문조사 결과와 주요 사건들을 통해 살펴보자.

교사, 학부모 역할에 대한 동상이몽

서울특별시교육청교육연구정보원에서 2023년 실시한 설문조사 결과[1]는 학교의 역할과 학부모 민원 등에 대해 교사와 학부모 간 인식 차이

---

1 김 용 외(2023)의 '학교교육 당사자 간 관계의 변화 및 대응에 대한 정책입법 분석' 연구의 일환으로 시행된 조사로, 총 10일(2023.11.6~2023.11.15) 동안 온라인 플랫폼을 통해 실시. 응답자는 교사 2,705명, 학부모 총 5,556명.

가 크다는 것을 보여준다.

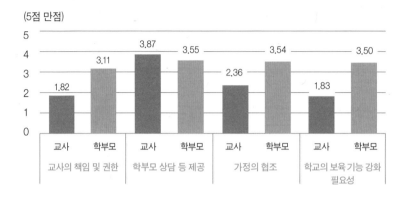

(5점 만점)

교사-학부모 역할 인식 조사

먼저, 학생의 바람직한 학교생활을 위하여 교사의 책임과 권한이 충분하다고 생각하는지에 대해 질문한 결과, 학부모는 5점 만점에 3.11점으로 보통 수준이라고 응답한 반면, 교사는 충분하지 않다(1.82점)는 의견이 다수였다. 학생의 바람직한 학교생활을 위하여 교사가 학부모에게 충분한 상담과 정보를 제공하는지에 대해서는 교사와 학부모 모두 보통 이상으로 응답하여 유사했다. 학생에 대한 학습 및 생활지도와 관련하여 교사의 조언과 권고가 가정의 협조를 바탕으로 잘 이루어지고 있는지에 대해서는 학부모와 교사 간 인식이 달랐다. 학부모는 보통 이상(3.54점)이라고 응답한 반면, 교사는 그렇지 않다(2.36점)는 의견이 다수였다. 즉, 가정이 학교교육에 협조적이라는 학부모의 응답에 비해 교사들이 실질적으로 협조를 체감하는 비율은 더 낮은 것으로 나타났다. 끝으로 학교교육 정상화를 위해 학생의 교육활동 외에도 학교는 보육적 기능을 강화해야 하는가에 대해서는 인식의 차이가 더욱 컸다. 학부모가 학교의 보육 기능 강화에 전반적으로 동의하는(3.50점) 한편, 교사는 동의하지 않는(1.83점) 비율이 다수였다. 이처럼 학생들의 교육을 위해 학교와 가정이 역할을 잘하고 있는지, 어떤 역할을 해야 하는지에 대해 교사와 학부모는 생각이 다르며, 특히 교사의 권한과 책임 그리고 학교의 보육 기능에 관한 의견 차이가 가장 크게 나타났다.

정당한 민원 v.s. 악성 민원

민원에 대한 입장은 어떨까? 먼저, 학부모를 대상으로 정당한 민원과 그렇지 않은 민원을 구분할 수 있는지 질문한 결과를 살펴보면 '대체로 그렇다'(5점 만점에 4점)고 응답했다. 이 같은 결과는 모든 학교급에서 유사하게 나타났는데, 초등학교(3.98점), 고등학교(4.00점), 중학교(4.01점) 순이었다.

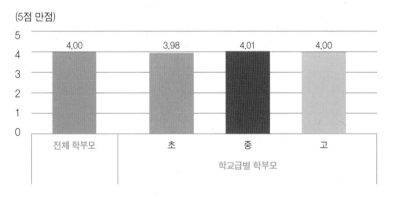

학부모가 인식한 정당한 민원 분별 역량

그러나 교사 대상 설문 결과는 다른 양상을 보여준다. 전체 민원 중 정당한 의견의 비율을 질문한 결과, 전체 25% 미만으로 생각하는 교사가 68%로 가장 다수였다. 교사는 정당한 민원보다 그렇지 않은 민원 제기가 다수라고 느끼는 것이다. 학부모는 정당한 민원과 부당한 민원을 대체로 잘 구별할 수 있다고 응답했는데, 학교 현장의 교사들이 민원 중 대다수가 정당하지 않은 민원이었다고 느끼는 것은 어떤 이유에서일까? 두 가지를 꼽을 수 있다. 하나는 교사가 학부모 민원 자체를 부정적으로 인식하여 접수되는 민원을 곧바로 부당한 민원으로 인식할 확률이 높아서일 수 있다. 다른 하나는 교사와 학부모가 생각하는 '정당한'의 기준이 다르기 때문일 수 있다.

전체 민원 중 정당한 의견 비율(교사 응답)

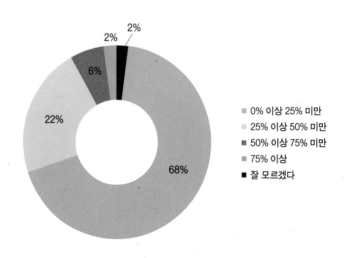

- 0% 이상 25% 미만
- 25% 이상 50% 미만
- 50% 이상 75% 미만
- 75% 이상
- 잘 모르겠다

설문조사 결과를 살펴보면 첫 번째 가설은 타당하지 않은 것으로 보인다. 교사에게 학부모의 정당한 민원에 대해 지지하는지 질문한 결과, 교사들은 보통 이상(5점 만점에 3.64점)으로, 정당한 민원은 지지한다고 밝혔다. 교사들도 학부모 민원의 긍정적 기능에 동의하며, 그 자체를 부정적으로만 인식하지는 않는 것이다.

1 대 다(多)의 상황 속 교사가 마주하는 민원

민원이 정당한지와 별개로 교사 입장에서는 다수 학생과 그 학부모를 상대한다는 점에서 많은 민원 접수로 고통받는 것이 현실이다. 사실 평생 한 번도 학교에 민원을 제기해보지 않은 학부모가 다수다. 학부모를 대상으로 민원을 제기한 경험과 그 횟수를 질문한 결과를 살펴보면, 한 번이라도 경험했다는 비율이 11.14%였고 그중에서도 1~2건이었다는 응답이 10.37%로 가장 많았다. 학교급별로는 다소 차이가 있는데, 초등학교급 학부모의 민원 경험이 가장 많고, 이후 중학교-고등학교 순이었다. 하지만 교사 입장에서는 학급에 속한 학생들의 학부모 모두를 상대해야 한다는 점에서 민원 건수가 크게 느껴질 수 있다. 한 해 기준으로 교사가 받은 전체 민원 수를 살펴보면, 1건 이상이라는 교사가 80.48%로 대부분이며, 5건 이상이라고 응답한 교사도 26.17%로 적지 않았다. 학부모는 평생 한 건도 민원을 제기하지 않은 비율이 약 90%를 차지하지만, 조사가 시행된 2023년 7월 시점에서 이미 과반의 교사가 1건 이상의 민원을 마주하고 있었다.

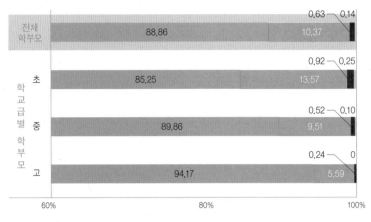

학부모의 실제 민원 제기 경험

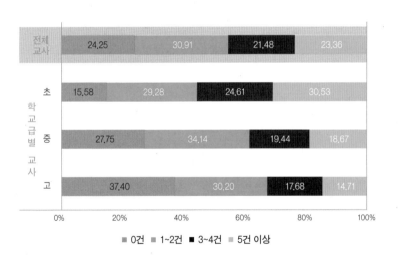

(올 한 해 기준) 학부모 민원 대응 경험

문제는 정당하지 않은 민원, 즉 악성 민원을 경험했다고 밝힌 교사 비율도 적지 않았다는 점이다. 교직 생활에서 악성 민원을 한 번이라도 경험한 적이 있다고 응답한 교사는 75.75%로 과반이었다. 악성 민원의 내용은 학생생활지도(42.88%)가 가장 많으며, 학교(학급) 운영(23.58%), 학교 안전사고 책임(14.63%) 등 순이었다. 악성 민원을 제기하는 방식은 개인 연락처로 잦은 연락(문자, 전화 등)이 36.42%로 가장 많고, 명예를 실추시키거나 관계를 해치는 말(30.09%), 인신공격 또는 욕설(15.34%) 등의 순으로 나타났다.

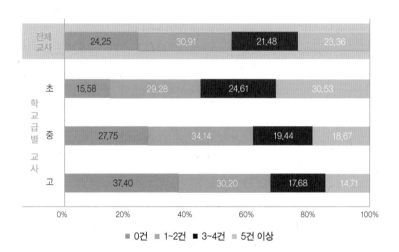

(전체 교직생활 기준) 학부모 악성 민원 대응 경험

악성 민원 사례

정당하지 않은 악성 민원이 학교 현장에서 구체적으로 어떻게 나타나는지 몇몇 사례를 보자.[2] 첫 번째 사례는, 우리 아이는 특별한 케어가 필요한데 그러한 조치를 하지 않았다는 이유로 교사에게 폭언한 경우다.

[교사자격 없다, 우리 애 왜 메디폼 안 붙였냐]
친구가 실수로 손톱으로 긁어서 팔에 0.5센티미터 정도 상처가 났는데 보건 선생이 아이에게 연고만 발라주심. 하교 후 학부모가 전화로 "왜 메○○ 안 붙이고 연고 발랐냐, 흉터 지면 네가 책임질 거냐"며 수십 분 동안 폭언을 퍼부음. 교사자격 없다는 말도 얼마 전 학생에게 들음(초등학교 학부모 교권 침해 민원 사례 2077건 모음집, p.9).

두 번째 사례는 수업 중 자는 학생을 깨웠다는 이유로 아동학대 교사로 신고하겠다는 협박을 받은 경우다. 해당 학부모는 학생이 자고 싶어 하면 의견을 존중해 절대 깨우지 말라고까지 하는데, 이는 교육행위에 대한 침해가 이루어진 상황이라고 할 수 있다.

[수업 시간에 자는 학생 깨우니 아동학대]
학기 초부터 계속 수업 시간에 자는 학생이 있어 지도 목적으로

---

2 〈초등학교 학부모 교권 침해 민원 사례 2077건 모음집〉에 제시된 사례를 발췌. 해당 자료집은 2023년 7월 21~23일 교사로부터 취합한 사례들을 모은 자료로, 유각년담임, 프로도, 굿초이스, 4년차 교린이에 의해 편집되었다.

아이를 깨움(소리 지르거나 신체에 손댄 적 없음). 교사가 수업 시간에 다른 아이들이 보는 앞에서 우리 아이를 깨워서, 다른 학생들이 본인 아이를 문제 학생으로 인식했다고 하고는 "아동학대로 신고하겠다, 학교로 찾아가겠다"며 소리 지르며 위협함. 앞으로 아이가 수업 시간에 잘 때는 절대 깨우지 말라고 소리치면서 수업 시간에 자고 싶은 아이의 의견을 존중하지 않는 아동학대 교사로 취급함(초등학교 학부모 교권 침해 민원 사례 2077건 모음집, p.258).

세 번째 사례는 학교폭력 가해(추정) 학생의 학부모에게 해당 내용을 고지한 것뿐인데 욕설과 협박을 받은 사례다. 이 같은 상황을 자주 마주하면 교사들은 학부모와의 소통을 점점 더 피하게 될 가능성이 높다.

[학교폭력 가해 추정 연락에 '학교에 불 질러 버릴라' 등 협박성 발언]
해당 학생은 학교폭력 가해 추정 학생으로 여러 차례 신고되었던 상황임. 담임교사로 학교폭력 신고가 되었음을 전달했는데 "별 것도 아닌 일로 뭐만 하면 학폭이래."라고 소리 지르며 "×발, 개새끼들" 같은 욕설과 "학교에 불 질러 버릴 거야. 지금 바로 찾아간다. 배때지를 쑤셔 버릴라."같이 협박성 발언을 함. 이런 발언에 아무런 대응도 할 수 없어 가만히 듣고만 있었음(초등학교 학부모 교권 침해 민원 사례 2077건 모음집, p.13).

학부모 민원의 실제

　위 사례처럼 극단적인 악성 민원도 물론 발생하지만, 교사들이 학교에서 마주하는 대다수의 학부모 민원은 일상적인 학교생활 관련 내용이 다수다. 문제는 그 민원이 '정당한 것인가'에 대해 학부모와 교사의 입장이 다를 수 있다는 점이다. 아래 제시된 사례를 살펴보면 교사는 학부모가 자신의 근무시간 외에 메신저를 보내고 평어체를 쓴 행위에 불쾌감을 느꼈고 이를 학부모 교권 침해 민원 사례 중 하나라고 판단했다. 학부모가 교사에게 수시로 연락하거나 낮추어 말하는 것은 불쾌감을 줄 수 있다. 그러나 학부모 입장에서는 자신보다 연령이 낮다고 판단한 교사에게 평어체를 쓴 것과 일과 시간 외에 메신저를 보내는 것이 큰 무례라고 생각하지 못했을 수 있다. 즉, 변화된 사회적 에티켓이 아직까지 사회 전반에 보편화하지 못하여 문제가 발생하기도 하는 것이다.

[메신저 보낼 때마다 "수고~"로 말 맺는 학부모]
밤 10시, 새벽 4시, 아침 6시, 가리지 않고 자기 아이에 대한 요구 사항(집에 오는 길에 싸웠다, 누구랑 사이 안 좋다 등)을 보내고는 말끝마다 "수고~"로 맺습니다. 아침에 보내는 톡의 시작은 "굳모닝~"입니다. 저, 어린 나이도 아닙니다. 톡을 받을 때마다 모멸감과 불쾌함으로 가득 차지만 "네 알겠습니다."로 응대합니다.(초등학교 학부모 교권 침해 민원 사례 2077건 모음집, p.115)

　아래 사례 또한 교권 침해 민원이라고 하기에 다소 애매한 경우라

할 수 있다. 학부모가 자기 자녀가 소극적이라며 교사에게 수업 중 모둠 활동을 통해 학생이 친구를 사귈 수 있게 도와달라는 내용이었다. 수업을 어떻게 구성하는지는 교사의 고유 권한임이 분명하지만, 혹여 소극적인 자녀가 친구를 사귀지 못할까 걱정되어 교사에게 부탁하는 것으로도 보일 수 있기 때문이다.

[우리 아이 친구 만들어 주세요]

우리 아이가 워낙 소극적이라 쉬는 시간, 점심시간에 혼자만 놀고 친구를 사귈 줄 몰라요. 그러니까 선생님이 수업 시간에 모둠 수업을 해서 애들이랑 말 좀 하게 해주시고 친구 좀 만들어주세요 (초등학교 학부모 교권 침해 민원 사례 2077건 모음집, p.119).

잇따른 교사들의 죽음

악성 민원에 시달리는 교사 중에 그 고통으로 인해 극단적인 선택까지 하게 되는 사례가 발생하던 중에 서이초 교사 사건은 학부모 민원, 그리고 교권 침해 논란을 촉발시켰다. 2023년 7월 18일 1학년 담임을 맡았던 한 교사가 학교 내에서 극단적 선택을 한 채 발견되었다. 해당 교사는 평소 학부모 민원이나 문제학생 지도에 어려움이 컸던 것으로 알려졌으나, 경찰 조사 결과에서 학부모의 구체적인 혐의점은 발견되지 않았다. 그러나 젊은 신입 교사의 죽음은 도화선이 되어 교사들의 '교권 회복 운동'으로 이어졌다.

그 후로도 악성 민원으로 고통받는 교사들의 죽음이 잇따랐다. 대표적으로, 대전 용산초등학교 교사는 교권 침해로 수년간 정신적 스트레스로 고통받다가 2023년 9월 스스로 생을 마감했다. 대전교육청의 진상 조사 결과에 따르면, 해당 교사에 대해 학부모 두 명이 2019년부터 2022년까지 4년 동안 국민신문고 7회·방문 4회·전화 3회·아동학대 및 학폭위 신고 각각 1회 등 총 16차례(2019학년도 12회·2020~2021학년도 각 1회·2022학년도 2회/ 학부모 2명 각각 13회·3회)의 민원을 제기한 것으로 밝혀졌다.[3] 이 외에도 경기도 교사 사건 등 교사들의 잇따른 죽음이 사회적으로 대두되고 있다.

교사들의 교권 회복 운동

이 일련의 사건들은 교사의 권리와 교권 회복을 위해 현직 교사들이 거리에 나와 시위하도록 촉발했다. 제1차 교사 집회는 2023년 7월 22일 종각역 일대에서 이루어졌으며, 주최 기관이 있는 것은 아니었다. 해당 시위를 다룬 한 언론 보도에 따르면, 약 5천 명의 교사가 검은 옷을 입고 S초 교사를 추모하며 교사의 생존권 보장을 촉구했다. 이때 모두발언에 참여한 한 교사는 "교사를 존중해주고 믿어달라"고 다시금 호소했다.[4]

가르칠 수 있게 해달라. 권위를 달라는 것이 아니다. 교사를 존중해주고 믿어달라. 교사가 무너지면 교육이 무너지고 이는 아이들에게 전가된다. 선생님이 아닌 우리 아이들을 위해서라도 목소리

---

3 뉴스티앤티(2023.9.29). 대전시교육청, '故 대전용산초 교사 관련 진상조사' 결과 발표.
4 조선일보(2023.7.22.). 교사 5000명, 검은 옷 입고 서이초 교사 추모집회 "생존권 보장하라"

를 모아야 한다.
- 경기도 9년차 교사(1차 집회 영상 중 두 번째 모두발언)

제2차 집회(2023.7.29.)와 제3차 집회(2023.8.5.)는 광화문 정부청사 일대에서 진행되었다.[5] 이때는 규모가 제1차 집회보다 커져 3만~4만여 명의 교사가 참여한 것으로 추정된다. 이 집회에서 교사들은 교사의 기본 인권조차 존중되지 못하는 실태를 고발했으며,[6] 극단적인 선택을 한 교사들에 대한 진상 규명과 대책 마련을 촉구했다.[7]

교권은 교육 전문가로서의 권리와 학교에서 한 인간으로서 가져야할 기본적인 인권이 뒷받침되어야 보장받을 수 있다.
- 경남 거제시 교사(3차 집회 영상 중 모두발언)

제4차 집회(203.8.12.)는 청계천 일대에서 이루어졌으며, 악천후에도 6개 교원단체가 동참하며 시위를 지속했다(연합뉴스, 2023.8.12.). 서이초 교사가 공부했던 O교대 교수가 교사들을 향한 무분별한 아동학대를 신고했고, 악성 민원에 대한 적극적인 대응을 요구했다.

교대협은 교권을 방치하지 않고, 무분별한 아동학대 신고와 악성 민원으로 인한 교사의 무기력을 막기 위해 총력을 다할 것.
- O교대 교수(4차 집회 영상 중 자유발언)

---

5 연합뉴스(2023.8.12.). 비 와도 대규모 교사 집회는 그대로… 6개 교원단체도 동참.
6 중앙일보(2023.7.29.). 폭염 속 검은 옷 입은 전국 교사 3만 명…"기본 인권조차 없다"
7 조선일보(2023.8.19.). "억울한 교사 죽음 진상 규명하라"… 교사 3만 명 국회서 결집

이후 제5차 집회(2023.8.19)와 제6차 집회(2023.8.26.) 모두 국회의사당에서 진행되었다. 제7차 집회(2023.9.2.)는 국회의사당 및 여의도 공원 일대에서 30만여 명이 참석했다(한겨레, 2023.9.2.). 제8차 집회(2023.9.4.)는 S초 교사 49재 추모 집회였으며, 제9차 집회(2023.9.16.)는 교권 4법 처리에 대한 요구가 주된 내용이었다.[8] 제10차 집회(2023.10.14.)는 S초 교사의 순직 인정을 촉구했으며, 제11차 집회(2023.10.28.)는 아동복지법 제17조 개정안 발의를 요구했다. 제12차 집회(2023.11.17.)와 제13차 집회(2023.12.2.), 14차 교사 집회는 2023년을 넘어 2024년까지 계속되었다.

> 모두가 안전한 교육환경을 만들 때까지, 검은 파도는 멈추지 않고 나아갈 것이다. 우리는 교사다. 아이들이 가진 변화와 성장의 힘을 가장 가까운 곳에서 경험하고, 또 매일 실현해 가는 사람들이다. 우리가 요구하는 것은 학생 인권을 추락시키는 것도, 모든 학부모를 적으로 돌리는 것도 아니며, 어떤 정치적 의도를 달성하는 것도 아니다.
> — 9차 집회 성명문 중

더 이상 참지 않겠다는 교육계 vs 맞고소로 치닫는 전쟁터 같은 학교

교사의 인권 보장과 교권보호가 사회적으로 이슈화되면서 교사를 보호해야 할 교육청의 역할이 강조되었다. 일례로 서울시교육청은 자녀의 전교 부회장 당선 취소에 불만을 품고 학교를 상대로 무분별한

---

8 한겨레(2023.9.16.). [현장] 검은 옷 입은 교사 30만 명 "악성 민원, 남 얘기 아냐."

고소·고발과 민원 제기 등을 이어간 학부모를 경찰에 고발하기도 했다. 서울시교육청 관계자는 "학부모의 악의적이고 무분별한 민원으로 학교가 대응에 많은 시간을 할애해 정당한 교육 활동을 방해했다"며 "학교의 교육력 및 신뢰도를 크게 훼손한 것은 물론 학교의 행정 기능도 마비시켰다"고 고발 이유를 설명했다. 이 외에도 수능 감독관 교사의 교권을 침해한 학부모를 교육부와 서울시교육청이 공동 고발한 일이 있다. 이는 교육청과 학교 모두 더 이상 악성 민원을 묵인하지 않고 철저하게 대응하겠다는 것으로 이해된다.

한편, 학부모 입장에서는 모든 학부모를 '민원인' 또는 '갑질하는 존재'로 간주하는 현 세태가 당혹스럽고 불편할 수 있다. 서이초 사건 이후 학부모-교사 대립 현상의 심각성을 지적한 이윤경 참교육학부모회 회장은 다수의 일반적인 학부모의 시선에서 이 문제를 설명한다.[9] 첫 번째 문제는 최근 우리 사회가 '학부모는 민원인'으로 프레임을 씌우면서 학부모 혐오 감정을 강화하고 있다는 점이다. 가령, 최근 장학사 자살 사고와 관련하여 통화 내내 존댓말과 공손한 태도로 질문한 학부모였음에도 언론은 해당 학부모를 악성 민원인으로 단정하고 여론을 몰아갔다고 지적했다. 학부모는 초·중등교육법 제59조의 4에 따라 엄연히 학교 교육 운영을 위한 의견을 수렴할 대상임에도, 최근 사회적 분위기는 더 이상 학부모에게 발언권을 주지도, 학부모의 의견을 들으려고도 하지 않는 것처럼 보인다. 학교의 민주성을 높이고 학교 교육 발전을 위해 학부모의 참여를 높여야 한다는 오랜 주장과 노력이 한순간에 무너져 버린 것이다. 두 번째 문제는 위와 같은 교육청

---

9 이윤경(2024). 학부모의 참여 없이 악성 민원을 방지할 수 있을까?. 무엇이 학교를 전쟁터로 만드는가? 토론회 자료집(p.5-7).

의 대응이 자칫 학부모 대 교사라는 대립각을 더욱 날카롭게 할 수 있다는 것이다. 현재와 같은 상황이 지속되면 작은 일에도 학부모는 교사에게 '아동학대'죄를 언급하고, 교사는 학부모에게 '교권 침해'를 지적하며 서로를 이해하려는 노력 없이 바로 법정 공방으로 이어지는 사례가 늘어날 거라고 지적한다. 이 악순환의 고리를 어디서부터 끊어야 할지 고민스럽지만, 학부모에 대한 무조건적인 비난의 시선은 반드시 거둘 필요가 있다.

교사-학부모 관계 **바로 마주보기**

교사가 바라보는 학교, 학부모가 바라보는 학교가 어떻게 다른지 알아보고 학부모 민원 발생 원인과 그 사례를 들여다보았다. 학부모들의 정당한 민원 제기는 교사들도 충분히 공감하지만, 정당함에 대한 기준이 서로 다를 수 있었던 점은 주목할 필요가 있다. 또한, 자녀가 학교에 다니는 동안 한 번도 민원을 제기한 경험이 없는 학부모가 다수지만, 한 학급 내 여러 학생을 지도해야 하는 교사 입장에서는 일부 학부모가 한두 차례 민원을 제기하기만 해도 그것들이 합쳐져 결국 다수의 민원으로 고통받을 수 있다. 따라서 교사와 다수의 일반적인 학부모가 대립하는 것처럼 몰아세우는 것은 바람직하지 않다. 하지만 일부 악성 민원을 야기하는 학부모에 대한 대응 시스템은 반드시 마련되어야 한다.

서울 서이초 사건, 대전 용산초 교사 사건 등 악성 민원 사태는 교권 회복 운동을 촉발하며 2023년 한 해에만 총 14차례의 집회로 이어졌다. 이 같은 교사들의 결집된 행동은 교권 4법 통과라는 결과를 이

뤄냈다. 교육청 또한 최근 악성 민원인이라고 판단한 학부모를 고소하는 등, 적극적으로 대응하고 있다. 법에 따라 판단하고 엄정히 대응하겠다는 이 같은 교육계의 방침이 과연 학교에 평화를 가져올지, 아니면 학교를 더 큰 전쟁터로 만드는 것이 아닌지에 대한 우려가 높아지고 있다. 또한 분명한 것은, 이처럼 법정 공방으로 치닫기 전에도 학교는 교사와 학부모의 권리를 강화하고 교사-학부모 관계 개선을 위해 나름의 노력을 해왔다는 것이다. 하지만 그러한 노력에도 불구하고 학부모와 교사 간 인식의 격차는 멀어지고 장벽은 높아지는 것이 엄연한 현실이다. 교사와 학부모, 양자 관계 개선을 위해 어떠한 노력이 이루어졌고 그 한계를 넘어서려면 무엇을 어떻게 해야 할 것인가?

2부

어떻게 볼 것인가?

4장
억울한 학부모와 아픈 교사

한국 사회가 급격한 변화를 겪어온 만큼 교사와 학부모의 관계도 많이 바뀌었다. '스승의 그림자도 밟지 않는다', '군사부일체(君師父一體)' 라는 봉건적 가치는 수요자인 학생과 학부모가 학교와 교사를 선택하게 한다는 시장주의 논리로 대체되어 왔다. 학교, 그리고 교사와 학부모의 역할에 관해 학부모와 교사 사이에는 적지 않은 생각의 차이가 있고 혼돈의 소용돌이를 일으킬 정도로 커져만 가고 있다. 우리는 앞에서 학교와 교사의 역할, 민원 개념과 빈도 등 면에서 인식의 차이가 현격한 수준임을 확인할 수 있었다. 이러한 인식 격차를 줄이고 상호 이해의 폭을 넓히기 위한 노력이 필요한 상황이다. 이를 위해 현재의 학부모와 교사가 어디에 있는지 정확하게 파악하는 것은 답을 구하는 첫걸음이다. 교사와 학부모는 어디에 있는가?

한국교총이 해마다 스승의 날에 즈음하여 실시하는 교직 생활 관런 설문조사 결과를 보자. 2024년도 조사에서는 문제행동 학생 등 생활지도(31.7%), 학부모 민원 및 관계 유지(24%), 교육과 무관한 과중한 행정업무(22.4%), 수업 능력 및 교과 전문성 향상(1.7%) 순으로 어려움을 호소하는 교사들이 많았다. 교사가 스트레스를 받는 1순위 사유를 보면, 2004년에는 '업무 과부하 및 지원 부족'이 29%에 이르렀으나 2024년에는 '학생 위반 행위 및 학부모 항의 소란'이 39.8%로 압도적인 1위로 나타났다. 교직 수행 장애요인에 대한 조사를 보면, 2004년 1순위는 과중한 잡무와 자율성 침해(57%)가 압도적이고 학생 학부모의 비협조적 태도는 10.3% 수준이었다. 하지만 2024년에는 학생 학부모의 비협조적 태도가 50.1%로 절반 수준에 이르렀고, 과중한 잡무와 자율성 침해는 2.6% 수준으로 나타났다.[1] 학부모에게서 악성 민원을 받은 교사를 대상으로 한 조사 결과 역시 학생생활지도(42.88%), 학급운영(23.58%), 학교 안전사고 책임(14.63%) 순으로 나타났다.[2]

한국의 교사들만 학부모와의 관계에서 어려움을 겪는 것은 아니다. 일본의 경우에도 2013년 문부과학성 조사에서 학교장의 고충 1위가 '학부모 대응'이었다.[3] 공립학교 공제조합이 2016~2022년도에 실시한 조사 결과에서도 교원들의 스트레스 요인으로 '보호자 대응'을 꼽는 응답은 증가 추세로, 2022년도는 12.4%에 달했다. 문부과학성이 2024년에 교원들의 부담을 덜어주기 위해 보호자의 문의 및 민원 등에 대해 민간사업자가 일괄 접수하는 시범사업을 시행한다고 언론에

---

1 한국교총(2024.5.13). 제43회 스승의 날 기념 교원인식설문조사 결과 발표. 보도자료.

2 김용 외(2023). 학교교육 당사자 간 관계의 변화 및 대응에 대한 정책·입법 분석. 서울교육정책연구소 위탁연구보고서2023-80.

3 박남기(2024). 학생 성장과 구성원 행복을 위한 학교 공동체 조성. 서울교육 2024년 봄호, 서울교육청.

서 보도하고 있다.[4] 프랑스에서도 '학교교육 소비자' 또는 학부모 고객으로 불리는 학부모가 늘고 있고, 이들은 자녀가 의무교육이 시작되는 3세가 되면 상점에 들어가서 쇼핑하듯 학교를 생각하는 것이 특징이며, 현장학습 일정을 요청하고, 방과 후 활동이나 때로는 교육 방식의 질을 비판하기도 하는 일이 벌어지고 있다.[5] 교사와 학부모의 불편한 관계 개선이 교육 정책에서 우선순위를 차지해야 하는 시대가 와 있는 것이다.

학부모의 시각: 학부모는 억울하다!

교사가 학부모를 만나기 어려워하는 상황도 문제지만 정작 많은 학부모에게 학교와 교사는 여전히 "가까이하기엔 너무 먼 당신"이다. 교사는 학부모의 민원 대응이 어렵다고 하지만 학부모는 민원을 제기하고 싶어도 자녀에게 피해가 갈 수도 있어 두려워하며, 민원을 제기할 별도의 창구가 없거나 알지 못하고 있다. 학부모는 입학식과 졸업식, 학부모 총회, 학부모 상담 기간, 수업 참관 등 공식적인 행사를 통해 담임 선생님을 만나게 된다. 학부모가 원하는 개인 면담은 학부모 상담 기간에 주로 이루어진다. 서이초 사건 이후에는 학교 방문 사전 예고제가 도입되면서 SNS를 통한 소통이나 전화를 거는 일도 쉽지 않게 되었다. '수요자 중심 교육'을 표방하지만 정작 수요자인 학부모의 권리와 역할이 무엇인지에 관하여, 그리고 학교에 의견이나 민원을 제기하

---

4 교육플러스(2025.01.08.). 일본 문부과학성, 학교 민원 접수 민간사업자에 위탁.
5 한국교육개발원 교육정책네트워크(2024). 해외 교육동향 480호, 10개국의 최신 교육뉴스. Le Monde 2024.09.25.를 재인용.

는 절차 등에 대해서는 교육이나 연수가 거의 이루어지지 않고 있다.

서이초 사건 이후 가장 두드러진 변화는 학부모 활동이 위축된 것이다. 학부모가 '공공의 적'이 되고 '마녀화'되는 상황에서, 학부모들은 매사에 조심스러워졌고 무엇을 할 때마다 자기 검열을 하게 되었다. 학교에 가는 것도 불편해졌는데 일부 학교에서는 학교에 오지 말라고 권고했다.[6] 악성 민원을 제기하여 교사의 생존권마저 위협하는 일부 학부모의 문제는 법적·제도적 장치를 강화하여 해결해야 한다. 하지만 이런 문제를 해결하기 위해 법률 개정에 중점을 두고 '거리두기'에 치중하면서 교사와 학부모의 교육적 관계는 약화하고 형식적 관계 또는 거래적 관계로 바뀌어 가고 있다. 눈에서 멀어지면 마음도 멀어지게 된다(Out of Sight, Out of Mind). 자녀의 전인적 성장을 위한 동반자여야 할 교사와 학부모가 서로를 불편하게 여기고, 필요한 소통마저 꺼리게 된 현실에서 장벽은 점점 더 높아지고 단단해져 가고 있다.

'수요자 중심 교육'과 학부모

교사와 학부모 관계는 유아교육 단계에서부터 형성된다. 2006년 40% 수준이던 유아 취원율이 2023년에는 92% 수준에 이르면서 학부모는 유치원이나 어린이집 교사를 자녀의 첫 선생님으로 만나게 된다. 과일 껍질을 먹기 싫어하는 아이에게 교사가 과일을 깎아 먹여 주는 일들이 유치원에서 자연스럽게 이루어진다. 저출생으로 원아 수가 줄어 폐원 위기에 처한 유치원 입장에서는 학부모의 요구를 거절하기 어려운 상황이고, 영양사와 보건교사 역할까지 전천후 역할을 하고

---

6 김기수(2024). 학부모의 시각으로 본 서이초 사건과 교육 현실. 교육비평, 55. 50-84.

있다. 학부모는 교사의 이런 역할을 당연한 것으로 여기면서 초등학교 담임 선생님에게도 당당히 요구한다. 학교가 끝나고 학원에 가야 할 시간에 청소를 시키는 교사를 이해할 수 없어서 민원을 제기하기도 한다. 하지만 교사는 이런 학부모의 요구를 교권 피해 사례로 여긴다. 오래전부터 교육대학은 수능 성적 상위권 학생들이 선호하는 대학이 되었고, 고등학교 교사들은 교육대학을 여학생들의 1지망 학교로 진학 지도를 해오고 있다. 교육대학의 교육과정은 교과 교육 중심으로 짜여 있고 교대생들은 교육실습 과정에서도 수업 경험을 우선시한다. 교과 전문가의 포부를 가지고 부임한 초등학교 초임 교사들은 온갖 요구를 하며 학급 운영과 수업 방식에도 참견을 일삼는 학부모들을 진상 학부모로 여기게 된다.

교사들은 학부모가 다른 반과 비교하여 항의하거나 지도 방법 변경을 요구하는 경우를 당하면 자존심이 상하고 교직을 떠나야겠다는 생각이 들게 된다. 학부모가 교사에게 자는 아이를 깨워 달라고 하는 등의 과도한 요구를 하고 존댓말 사용을 학급 규칙으로 시행하는데 학부모가 이의를 제기하는 상황이 벌어지면 교사는 학생을 지도하는 권리를 침해당했다고 생각하게 된다. 받아쓰기 시험을 틀린 학생에게 밑줄을 그은 것을 다른 방식으로 바꾸어 달라고 교사에게 요구하고 학부모의 항의를 받은 교장이 교사를 질책할 때 교사의 자긍심은 무너진다. 학부모가 교사를 자녀의 교육활동 과정에 필요한 서비스를 제공하는 사람으로 보는 인식이 강화되면서 학부모 스스로 설정한 기준에 맞지 않은 교육활동을 하는 교사에게 불만을 품게 되고, 교사는 교육 전문가로서 존중받지 못하는 현실에서 민원을 우려하여 방어적이고 회피적인 교육활동으로 내몰리고 있다.

맞벌이 가정이 늘어나는 등 사회 여건 변화와 맞물려 급식과 돌봄 등 기존 학교 교육에서 담당하지 않은 분야가 학교의 주요 역할이 되고 있다. 사교육이 입시 교육에서 경쟁력을 키워오면서 입시 준비와 자녀 교육에서 학교가 차지하는 비중과 기대치가 낮아지는 반면, 돌봄과 급식, 방과 후 활동 등에 대한 학부모의 요구는 커져 왔다. 상급 학교 진학을 위한 학교 교육의 역할에 대한 기대와 요구에 따라 교사와의 관계 설정이 이루어지는데, 사교육의 영향력이 커지는 여건에서 학부모와 교사의 관계가 왜곡되는 문제가 갈수록 심화하고 있다. '4세 고시', '7세 고시'라는 기상천외한 사교육 경쟁이 벌어지고 영어 유치원을 다닌 아이와 다니지 못하는 아이를 초등학교에서 함께 지도해야 하는 상황이 벌어지고 있다. 서이초 사건 등 안타까운 일들이 적지 않은 초등학교에서 벌어지는 것은 이러한 시대적 변화와 사회적 요구가 가져온 학교와 교사의 역할 갈등이 첨예하게 벌어지는데도 진단과 처방이 제대로 이루어지지 못한 결과다.

학부모 변천사 – 치맛바람, 우골탑, 헬리콥터 학부모

1965년 이른바 '무즙 파동'이 일어났다. 중학교 입시가 실시되던 시기에 무즙 관련 문제에서 복수 정답을 인정하는 것에 대해 소송이 벌어진 일이다. 엿 만드는 과정에서 엿기름 대신 넣어도 좋은 것을 묻는 문항에 '디아스타제'만을 정답으로 인정하자 학부모들은 무즙도 정답이 되어야 한다며 항의했다. 서울시교육청과 문교부가 정답을 번복하고 오락가락하다 재판에 이르게 되었고, 서울고등법원 특별부는 학부모 42명이 제기한 입학시험 불합격 처분 취소 청구 소송에서 "해당 중

학교가 내린 입학시험 처분을 취소한다"고 판결했다. 이에 따라 학기 중에 경기중학교로 전학시키는 일이 벌어지면서 일부 고관대작 부인들의 치맛바람에 입시제도가 갈팡질팡한 것을 빗대어 '치맛바람'이라는 용어가 생겨났다.

흔히 한국인의 교육열을 상징하는 '우골탑'은 자식같이 귀하게 여기는 소까지 팔아 자녀를 대학에 보낸 학부모의 피와 땀이 배어있는 단어다. 1960년대 후반 한 신문은 "한두 사립대학을 제외한 대부분의 사립대학은 설립 당시와 비교해서 거의 몇백 배 몇천 배의 팽창을 가져왔는데 이 재산 팽창은 주로 농촌 출신 사람들의 소를 판 돈으로 충당되어 있다. 삐쭉삐쭉한 대학 정문이나 건물들은 농우(農牛)의 뿔로 세워진 우골탑이 아니냐고 비꼬았다"고 보도했다.[7]

2000년대에 들어와서야 중학교 의무교육이 실시될 때까지 학부모들은 육성회비와 사친회비, 학교운영지원비라는 이름으로 교육재정을 조달하는 역할을 했다. 교육은 자녀의 입신양명을 위해 필요한 것으로 그 경비는 학부모가 마련해야 한다는 '수익자 부담 원칙'이라는 논리가 정부가 담당해야 하는 교육재정을 학부모에게 전가하는 정책의 면죄부로 작용했다. 학부모회장과 임원들은 학교의 각종 행사 비용을 부담할 수 있는 경제력을 필요조건으로 갖추어야 했고, 일반 학부모들도 촌지 거부 운동과 청탁금지법(김영란법) 등으로 사라지기 전까지 촌지의 부담에서 자유롭지 못했다. 무상교육 실시 이후 학부모가 담당하던 사부담 공교육비가 일부 줄어들었지만 전 지역과 계층에 걸쳐 사교육을 받는 학생의 비율이 높아지고 비용이 매년 증가하면서 가계에서 차지하는 교육비 부담은 오히려 늘어나게 되었다. 교육을 통

---

7 동아일보(1969.1.27) "新興私大建物은 牛骨塔"

해 사회적 이동이 일정하게 가능했던 '개천에서 용이 나던 시대'는 가고 IMF를 겪으며 비정규직 비율이 절반을 넘어서는 사회가 되면서, 자녀를 안정되고 쓸만한 일자리인 대기업이나 의사 변호사 등 전문직 취업 전쟁의 승자로 만드는 일이 학부모의 역할이 되었다. 이와 함께 저출산과 사회 양극화로 인한 교육격차 심화, SNS의 보편화 등 사회적 변화에 따라 헬리콥터 부모[8]에 이어 드론 부모,[9] 잔디깎기 부모[10]라는 신조어가 만들어졌다.

'내 새끼 지상주의'의 교육사회학

서이초 사건이 발생한 후 교사 집회 현장을 다녀온 소설가 김훈은 '악성 민원'의 본질을 한국인들의 DNA 속에 유전되고 있는 '내 새끼 지상주의'[11]에서 찾았다. 하지만 한국 사회에서 학부모가 '내 새끼 지상주의'에서 벗어나는 일은 개개인의 의지로 이루어질 수 있는 것이 아니다. 1960년대에 태어난 베이비 붐 세대의 대학 진학률은 30% 정도였다. 1995년 5·31 교육개혁 방안의 일환으로 고등교육의 수요를 충족시킨다는 명목으로 대학설립 준칙주의[12]가 도입되고 대학설립이 우

---

8 학부모가 아이 주변을 헬리콥터처럼 돌면서 자녀의 모든 행동과 경험에 과도할 정도로 책임을 지고 과잉통제 및 과보호를 하는 것을 지칭하는 용어다.

9 헬리콥터 부모와 달리, 자녀에게 자신의 존재를 나타내지 않고 문자나 SNS 등으로 감시한다는 특징이 있다.

10 '자녀보다 한 걸음 앞서가며 앞길을 매끄럽게 닦아놓고 걸림돌을 없애 준다'는 의미다.

11 "'내 새끼'를 철통 보호하고 결사옹위해서 남의 자식을 제치고 내 자식을 이 세상의 안락한 자리, 유익한 자리, 끗발 높은 자리로 밀어 올리려는 육아의 원리이며 철학이다." 김훈. '내 새끼 지상주의'의 파탄… 공교육과 그가 죽었다(중앙일보 2023.8.4.).

12 대학설립 계획부터 최종 설립까지 단계별로 조건을 충족해 교육부의 인가를 받던 방식

후죽순으로 이루어지면서 2000년대 중반 대학 진학률은 80% 수준에 이르렀다. 결과적으로 대학 교육이 보통교육 수준으로 이루어지게 되었지만 한국 사회는 IMF를 겪으면서 사회 양극화가 심화하고 비정규직 비율이 절반을 넘는 고용 불안 사회가 되었다. 자녀를 대학에 보내는 것으로 '안정되고 쓸만한' 일자리를 얻기가 쉽지 않은 사회가 된 것이다.

고용노동부가 발표한 2023년 회계연도 기업체 노동비용 조사 결과에서 300인 이상 대기업의 노동비용은 1인당 월 753만 2천 원, 300인 미만 중소기업은 508만 6천 원으로 대기업의 67.5% 수준에 머무르고 있다. 사교육 기관들이 초등학생을 대상으로 의대 준비반을 만들고 지방 의과대학 정원이 늘자 서울 등 수도권 학생의 지방 유학 붐이 이는 것은 전문의 소득과 전체 근로자 평균 임금 격차가 6.8배로 OECD 국가 중에서 가장 큰 데서 기인한다.[13] 업종 간 소득 양극화가 이처럼 확연하고 임금 격차가 줄어들 가능성이 높지 않은 한국 사회에서 학부모는 고소득의 안정적인 정규직이나 전문직이 되기 위한 취업전쟁에 나서야 하는 자녀들을 진두지휘하고 있는 셈이다.

이런 경향은 서구에서도 나타나고 있다. 영국 BBC 방송은 경제적으로 부유한 11개국 부모들을 연구한 결과 1965년 자료와 비교했을 때 어머니는 하루 평균 한 시간가량을 더 육아에 쓰고, 아버지들

에서 교지, 교사(건물) 교원, 수익용 기본재산 등 최소 설립 요건을 갖추면 대학설립을 인가하는 제도.

13 2021년 국세청의 '전문직 종사자 업종별 사업소득 백분위 현황'에서 의사 1인당 평균 사업소득은 2억 6,900만 원으로 회계사(1억 1,800만 원), 변호사(1억 1,500만 원)의 두 배 수준이다. OECD 국가 중에서 벨기에(5.8배), 독일(5.6배) 프랑스(5.1배)보다도 우리나라 의사가 고임금을 받고 있다.

이 자녀들과 보내는 시간이 하루 16분에서 2012년 59분으로 증가한 것으로 확인되었다.[14] 자녀 양육에 느긋한 태도를 보이며 자녀의 앞길을 비춰주는 등대지기 부모에서 헬리콥터 부모로의 변화가 나타나고 있다는 것이다. 이런 변화가 나타나게 된 것에 대해 「사랑, 돈, 양육: 자본 환경은 양육 방식을 설명해준다(Love, Money and Parenting: How Economics Explains the Way We Raise Our Kids)」의 저자 마티아스 도프케는 "불평등도가 매우 높다면, 부모의 관점에서는 아이가 뒤처지지 않는 점이 매우 중요하다는 의미가 된다"며 "그래서 부모들은 더욱 집중적이고 성공 지향적인 양육 방식을 택한다"라고 분석했다.[15] 이런 교육 문제의 바탕에 깔려 있는 사회 구조적 변화가 학부모의 역할에 미치는 영향에 대한 고려 없이 '내 새끼 지상주의'만 지적하는 것은 궁극적인 문제 해결의 길이 될 수 없다.

1980년대에 출생한 세대가 학부모가 되면서 이들 세대의 성장 배경과 특성을 고려한 학부모 정책이 필요하다는 주장에도 주목할 필요가 있다. 한국 사회가 고속 성장기를 지나 1997년 IMF를 겪으면서 부모의 실직과 경제적 어려움을 고스란히 겪은 세대, 대학 졸업자가 70%를 넘어선 세대, '분유를 마시고 자란 첫 세대'이며, 피아노나 태권도 등 사교육을 받았고, 컴퓨터와 무선 전화기를 사용하기 시작한 밀레니엄 세대, 자녀를 어린이집이나 유치원에 보내는 것이 보편화하고 유아 학비와 보육료를 국가에서 지원받는 세대가 학부모가 되면서 기존 세대의 학부모와는 다른 특성이 나타나게 된 것이다. 교사들이 전문적 영역을 침해당한다고 생각하게 하는 학부모의 '지적질'을 이런 세

---

14 헬리콥터 부모: 유럽을 휩쓰는 미국식 양육, BBC 2020.

15 BBC NEWS 코리아(2020.3.1) 헬리콥터 부모: 유럽을 휩쓰는 미국식 양육

대적 특성을 통해 객관화하고 학부모의 건강한 학교 참여를 통해 서로 이해하고 협력하기 위한 과정으로 만들어 가야 한다.

학부모의 지위와 역할

학부모가 아동을 교육하는 것은 자연법과 실정법으로 인정되는 권리이고 의무이다. 부모는 자녀에 대해 부양의무와 교육의무를 지는데, 이는 자녀의 교육받을 권리에 대응하는 것이다. 학부모는 국민의 4대 의무 중의 하나인 교육을 시킬 의무를 지닌 보호자로서 공적 교육기관인 학교에 자녀를 보낸다. 이를 어기면 벌금을 내야 한다! 헌법 제31조 2항은 "모든 국민은 그 보호하는 자녀에게 적어도 초등교육과 법률이 정하는 교육을 받게 할 의무를 진다."고 하여 이를 명확히 하고 있다. 부모의 교육할 권리는 자녀에 대해 자연법상의 양육·교육할 의무와 실정법상의 감호·교육할 의무를 이행할 권리이며, 의무 이행을 위한 우선적 권리라 할 수 있다.[16]

학부모가 법적으로 교육 주체로 인정되기 시작한 것은 1995년 5·31 교육개혁에 따라 설치된 학교운영위원회에 학부모 위원으로 참여하게 되면서라고 할 수 있다. 1997년에는 교육기본법에 교육 당사자 중 하나로 학부모(보호자)의 역할과 권리에 관한 조항이 담기게 된다.

제13조(보호자) ① 부모 등 보호자는 보호하는 자녀 또는 아동이 바른 인성을 가지고 건강하게 성장하도록 교육할 권리와 책임을 가진다. ② 부모 등 보호자는 보호하는 자녀 또는 아동의 교육에

---

16 에듀인뉴스(2017.5.29.). 교육권의 논리와 당사자 간 권리 의무의 구조

관하여 학교에 의견을 제시할 수 있으며, 학교는 그 의견을 존중하여야 한다. ③ 부모 등 보호자는 교원과 학교가 전문적인 판단으로 학생을 교육·지도할 수 있도록 협조하고 존중하여야 한다.

이 조항에 따르면 학부모는 자녀를 대신하여 학교 운영에 관한 의견을 개진하여 더 나은 교육이 이루어지도록 요구할 권리가 있는 존재다. 하지만 '군사부일체(君師父一體)', '스승의 그림자도 밟지 않는다'는 사회·문화적 풍토와 학부모의 참여 활동이 제도화되지 않은 여건에서 학부모가 자신의 의견이나 주장을 드러내는 것은 거의 불가능했다. 학교운영위원회가 도입되면서 학부모 위원으로 참여하게 되었지만 학부모의 의견을 수렴하여 반영하기 위한 제도적 장치는 마련되지 않았고, 예산 심의와 교육과정 편성에 의견을 개진할 수 있는 역량을 갖추기 위한 학부모 교육은 제대로 이루어지지 않았다.

학부모들은 학력 신장 못지않게 창의성과 인성 교육에 관심이 높고, 미세먼지 상태나 자녀의 학교에서 학교폭력과 교우관계에 대해 구체적인 정보를 얻기를 원한다. 학부모의 이런 요구에 대해 학교가 필요한 정보를 제공하고 학부모의 의견수렴이 이루어지게 한 시스템으로 핀란드의 윌마(Wilma)[17]는 많은 시사점을 준다. 교사는 학생별 출결 상황, 수업 진행 상황 및 수업 일정 변경뿐만 아니라 교육 과정에서 발생하는 문제점 또는 학생의 문제행동 등을 기재하고 학부모는 자녀의 전반적인 학교생활에 대한 정보를 접할 수 있다. 핀란드는 이 시스템을 10년 동안 사용하면서 학부모 교사 간에 대면 또는 전화 형

---

17 한국의 나이스(NEIS)와 비슷한 개념의 교육행정 시스템으로, 이 플랫폼을 통해 교사는 학급 운영 및 학생지도를 관리한다.

식이 아닌 문자 메시지에 의한 통지로 의사소통하는 과정에서 문제점이 제기되자 대책을 마련하고 있다.[18] 우리나라의 경우 학부모의 악성 민원에 대한 대책으로 교사와 학부모가 SNS나 전화 통화를 하지 못하게 하고, 학교 방문 사전 예고제를 도입하고 있다. 학부모는 교사에게서 자녀의 발달 과정에 대한 밀도 있는 정보와 자신이 해야 할 역할을 알고 싶다. 일부 학부모의 악성 민원 대책에 중점을 두면서 학부모의 일차적인 요구를 외면하고 소통을 가로막는 장벽을 쌓는 정책은 과연 성공할 수 있을까?

교사의 시각: 교사가 아프다!

수업 시간에 자거나 돌아다니는 학생들, 교탁 밑에 누워서 수업 중인 교사를 휴대전화로 촬영하는 학생, 교감 선생님을 때리기까지 하는 초등학생, 수업 중인 교사를 찾아가 폭행하는 학부모, 학교 행정을 마비시킬 정도로 악성 민원을 제기하는 학부모 등이 보도될 때마다 '교권 추락'에 대한 우려와 교육 당국에 대한 질타가 쏟아진다. 교원단체는 대책을 요구하고, 비난 여론이 고조될 때마다 교육 당국은 교권보호 대책을 발표하고 법률 개정을 추진해 왔다. 하지만 '교사가 아프다'라는 제목의 책[19]이 나오는 안타까운 현실은 그다지 나아지지 않았다. 갈수록 교육의 사법화 경향이 강화되는 가운데 교사의 방어적 교육활동에 대한 우려가 제기되고 있다.

교사는 누구인가? 교원의 사회·경제적 지위는 각 나라의 여건에 따

---

18 핀란드 교육동향 2023, 한국 핀란드 교육연구센터.

19 송원재(2024). 교사가 아프다. 서울: 살림터.

라 다르고 권한과 역할도 사회의 변화에 따라 달라져 왔다. 우리나라는 전통적으로 군사부일체(君師父一體)의 일원으로 추앙받는 교사, 불교의 계율에 유래를 둔다는 '그림자도 밟지 않는다'는 말로 집약되는 교사의 권위를 존중해 왔다. 하지만 이러한 스승과 제자의 관계는 작금의 현실에서 존재하지 않는다. 1989년 전국교직원노동조합이 출범하면서 교사도 노동자라고 선언하고 나섰지만, 정작 한국교총 등 교원단체를 포함하여 46만여 명 교사 중에 교원노조나 교원단체에 가입한 교사는 절반을 넘지 못한다. 인간으로서의 기본권인 존엄성과 행복추구권, 의사 표현 및 신체·양심의 자유 등이 교사에게도 보장되어야 한다. 하지만 교원은 학생을 포함한 16세 이상의 국민 대부분에게 허용되는 정당 가입 등 정치활동과 관련하여 금치산자(禁治産者)의 처지다. 교사와 학부모의 관계 개선이 이루어지려면 이러한 교사의 사회적 위치와 역할, 권한, 책무를 '객관화'하는 일에서 시작해야 할 것이다.

교사의 역할과 권한

'교사(教師)'는 '가르칠 교(教)' 자와 '스승 사(師)'자가 합쳐진 말이다. 사전적 정의로는 '유치원·초등학교·중학교·고등학교 등에서 학생들을 가르치는 자로서 일반적으로 국가에서 정한 법령에 따라 자격증을 갖추고 학생에게 국가에서 지정한 과목, 종목의 교육 이수 과정에서 이끌어 주는 사람'을 말한다. 교원에게는 교육공무원법, 교원노조법 등 별도의 법률이 적용된다. 교육공무원법은 "교육에 종사하는 공무원의 직무와 책임의 특수성에 비추어 그 자격, 임면, 보수, 복무, 신분보장과 징계 등에 관한 기준을 정함으로써 학문연구의 자유, 신분보장, 처우 개선, 정치적 중립을 보장하는 동시에 교육공무원으로 하여금 그 직무에 전심전력할 수 있는 환경을 조성하여 교육을 쇄신·진흥시키려는 것"을 목적으로 1953년 제정되었다. 이 법 43조(교권의 존중과 신분보장)는 "① 교권(敎權)은 존중되어야 하며, 교원은 그 전문적 지위나 신분에 영향을 미치는 부당한 간섭을 받지 아니한다."고 규정한다. 교육기본법에는 "교원의 전문성은 존중되며, 교원의 경제적·사회적 지위는 우대되고 신분은 보장된다"는 포괄적인 규정만 담겨 있다. 교권이 최초로 법적 용어로 등장한 것은 교육공무원법을 개정(1981.11.23.)하면서부터다. 하지만 법률용어로서보다는 교원단체의 교권 침해 논의에 자주 등장했고, 교원지위향상법이 만들어지면서 교원에 대한 예우의 근거가 만들어지게 되었다.[20] 교권에 대한 정의를 담고 있는 것은 교육법과 시행령도 아닌, 교육청 제정 조례와 [교권보호 길라잡이] 등의 매뉴얼이다.[21]

1. '교권'이란 교원의 기본적 인권 및 교육권 등으로 「교원의 지위 향상 및 교육활동 보호를 위한 특별법」 (이하 '교원지위법'이라 한다)에 따른 교육활동의 권한과 권리를 말한다.(충남교육청)

교권은 협의로는 교사의 권리라는 측면에서 교육권을 의미하며, 광의로는 여기에 교사의 권위와 생활 보장권 및 자율적인 단체 행

---

20 고전(2012). 교권 보호법제화의 쟁점과 과제, 교육행정학 연구 2012 제30권 제4호 pp.53-72.
21 2023.8.7. 경향신문. "교권보호 법제화?…'조례'는 이미 있었다"

동권 등을 포함한다.(2013 교권보호 길라잡이)

    2012년에 서울시교육청은 교육청 가운데 최초로 「서을특별시 교권 보호와 교육활동 지원에 관한 조례」를 추진했지만, 교장단과 과학교육기술부의 반대로 제정에 이르지 못했다.[22] 교권과 교육활동 보호 조례는 현재 17개 시·도교육청 중 11곳[23]에 제정되어 있다. 이른바 진보 교육감이 당선된 인천, 광주, 충남, 서울, 경기 등에서 2011년 이후 학생인권조례와의 균형을 고려하여 추진되었고, 울산은 2016년 7월에 제정했다. 2020년 코로나19 이후 학생생활지도가 어려워지면서 교육청들이 조례 제·개정에 적극적으로 나서게 되었다. 또한 학부모의 '악성 민원'에 대한 대책이 강조되면서 관련 조항이 포함되었다. 민원인이 학교를 방문할 때 예약하는 시스템을 갖춰야 한다고 규정돼 있고, 민원인이 적법한 민원절차를 따르지 않고 교권을 침해할 경우 학교장이 교권보호위원회 소집을 요청할 수 있다는 조항도 포함되어 있다. 수업을 방해하는 학생에 대한 퇴실·징계 등의 규정과 교원 휴대전화 번호 등 개인정보를 보호해야 한다는 내용을 조례에 명시했다.

    조례에서 교권을 정의하고 구체적인 내용을 규정한 것은 법률에 규정된 교원과 교권의 보호를 위한 책무성을 부과한 것이라는 의미를 지닌다. 또한 교원의 교육활동을 적극적으로 지원하여 교원의 실질적 교육권 행사가 가능하게 했다.[24] 하지만 조례에서 교권 개념과 범주

---

22 경기교육청이 2009년 최초로 학생인권조례를 제정하고 이를 주도한 곽노현 방송통신대학교 교수가 서울시교육감으로 당선되면서, '학생인권조례를 추진하면서 교권과의 균형을 갖추어야 한다'는 요구가 반영되었다.

23 경기, 경남, 광주, 대구, 서울, 울산, 인천, 전남, 전북, 제주, 충남.

24 김운종 (2013). 교권보호조례를 통해서 본 교권의 재음미. 한국교육교육연구; 30(4). 79-94.

등에서 차이가 나는 것은 헌법에서 규정하는 교육제도 법정주의[25]의 측면에서 명확한 한계를 지닌다. 또한 교권보호조례와 학생인권조례가 상충할 경우 어떤 조례가 우선할 것인가에 대한 논란의 여지가 있다. 학생인권조례가 학생이 보호받아야 할 자유·권리와 더불어 인간으로서의 존엄과 가치의 영역까지 포함한 반면, 교권보호조례는 이미 법률로 보장된 교원의 권리를 재확인·재보장하는 성격이 강하다. 권리 중심의 교권보호조례가 교육활동 분쟁 발생 시 학생인권조례에 대해 얼마나 우선권을 지닐 수 있는지 의문이다.[26]

교사들은, 교권은 한 명 한 명이 헌법기관인 국회의원이나 개개의 검사가 검찰권을 행사하는 것과 같이 교사 개개인이 교육과정을 운영하는 교육기관으로 역할을 하며 교육활동에 대한 완전한 책임과 권한을 가지고 전문성과 권위를 인정받을 수 있는 실질적 힘을 지녀야 한다고 생각한다.[27] 하지만 교권은 법적 지위를 갖지 못한 채 조례나 교원 정책 차원에서의 용어로 사용되는 수준이다. 교사에 대한 학부모의 요구가 늘어나는 상황에서 교사 권리를 명확하게 규정할 필요가 있다.

---

25 헌법 제31조 6항에 "학교교육 및 평생교육을 포함한 교육제도와 그 운영, 교육재정 및 교원의 지위에 관한 기본적인 사항은 법률로 정한다"라고 되어 있다.

26 김운종(2013). 위의 논문.

27 박석희(2019). 포위된 교권, 누가 교권을 위협하는가. 월간 교육정책포럼, 2019년 5월호. 한국교육개발원.

"우리 아이 마음 다치니 받아쓰기 틀린 것 빗금치지 마세요…교장실 찾아와서 소리 질러"

저학년 받아쓰기 지도 때 틀린 것을 빗금 표시하니 민원전화를 넣음. 우리 아이 마음 다치는데 어떻게 빗금 표시를 하냐, 별 표시 해라! 우리 아이만 못하는데 우리 아이가 너무 불쌍하지 않냐! 관련하여 클래스팅 등에 빗금 표시는 아이들의 마음을 다치게 할 의도가 없으며, 아이들은 실패의 경험을 통해 성장한다. 그러나 마음이 불편하면 개별적으로 연락 주시면 그 아이만 다르게 표시해드리겠다 등 설명문을 올림. 그러자 민원 학부모가 교장실로 찾아가서 본인을 표적질한 알림장이라며 소리 지르고 학부모회장까지 동행하여 교장실과 담임 교실에 가서 소리 지름. 관리자는 학급 담임에게 일방적인 사과를 종용했음. 교사 편을 전혀 들지 않고, 어떻게 받아쓰기를 하냐며 질책함(학기 초 학부모총회 때 학부모들이 받아쓰기 시험을 모두 희망했음).

"복도에서 뛰는 아이 지도했더니 하지 말라고 함"

개인적으로 복도에서 일어나는 사고에 민감한 편이라 3월부터 복도 안전에 대해 끊임없이 이야기함. 한 학생이 12월까지 복도에서 뛰어서 수시로 혼남. 참다 참다가 3일간 쉬는 시간 동안 자리에 앉아서 책 읽으라고 함. 다음날 점심시간에 학부모가 하이톡 함. 그 벌이 가혹하니 당장 풀어주라고, 내가 내일부터 주의 주고 그만하겠다 하니 당장 지금 하라고 함. 참고로 학기 초에 내가 만만한 상대인지 보기 위해 교실을 방문하고, 나를 보고 인사도 안 했음. 젊은 여교사는 만만한 상대인가 봄.

_초등학교 학부모 교권 침해 민원 사례 모음집

학부모가 자녀의 교육활동에 대해 의견을 개진할 수 있고, 합리적인 의견은 교사가 당연히 수용하여 반영해야 한다. 문제는 학부모의 의견 개진이 위 사례들처럼 교원의 전문성을 존중하는 범위를 벗어나는 일이 많아지고 있다는 사실이다. 현재 교육기본법에는 교원의 교육과정 편성권과 평가권, 생활지도에 관한 권한은 명시적으로 규정되어 있지 않고, 이와 관련한 학부모의 의견 개진권의 범주도 명확하지 않다. 교사와 학부모 간 갈등의 주요 요인인 교원의 전문성과 관련한 권한과 책임에 대한 엄밀한 규정이 필요하다.

교권보호 대책, 그 반복의 역사

1991년 「교원지위 향상을 위한 특별법」이 제정되었다.[28] 이 법은 "교원에 대한 예우 및 처우를 개선하고 신분보장을 강화함으로써 교원의 지위를 향상시키고, 교육 발전을 도모함을 목적으로" 하고 특별히 제2조에서 "(교원에 대한 예우) ① 국가·지방자치단체 기타 공공단체는 교원이 사회적으로 존경받고 높은 긍지와 사명감을 가지고 교육활동을 할 수 있는 여건이 조성되도록 노력하여야 한다."고 명시하고 있다. 2016년에는 「교원의지위향상및교육활동보호를 위한 특별법」으로 명칭이 바뀐다. 교원에 대한 폭행이나 모욕 등으로 피해를 입는 사례가 급증하여 적절한 치유와 교권 회복을 위한다는 명목으로 교육활동 보호를 강조하면서 관련 규정을 신설했다. 하지만 전면 개정에도 불구하

---

28 이 법의 제정에는 다음과 같은 배경이 있다. 전교조가 1989년 법외노조로 출범하면서 기존의 유일한 합법 교원단체였던 교총과 교육부 간에 단체 교섭에 준하는 교섭 협의 권한을 명시적으로 보장할 필요가 있었다.

고 교권보호를 위한 예방 및 사후 처리의 실제적·구체적 효력이 미미하여 교권 침해가 줄지 않았다는 문제 제기가 계속되자 2019년 법령을 대대적으로 개정하기에 이르렀다.[29]

교원지위법 재·개정 주요 쟁점 비교표[30]

구분	교원지위향상을 위한 특별법	교원의 지위 향상 및 교육활동 보호를 위한 특별법	교원의 지위향상 및 교육활동 보호를 위한 특별법
제·개정	1991.5.31.	2016.2.3.	2019.4.16.
시행	1991.5.31.	2016.8.4.	2019.10.17.
제1조 목적	이 법은 교원에 대한 예우 및 처우를 개선하고 신분보장을 강화함으로써 교원의 지위를 향상시키고, 교육발전을 도모함을 목적으로 한다.	이 법은 교원에 대한 예우와 처우를 개선하고 신분보장과 교육활동에 대한 보호를 강화함으로써 교원의 지위를 향상시키고 교육발전을 보호하는 것을 목적으로 한다.	좌동
주요 내용	① 교원에 대한 예우 ② 교원보수의 우대 ③ 교원의 불체포 특권 ④ 학교안전사고로부터 보호 ⑤ 교원의 신분보장 ⑥ 교원징계재심의위원회 설치 ⑦ 교원지위향상심의회 설치	〈신설〉 ① 교원의 교육활동 보호에 대한 조치 ② 교육활동 침해행위 금지 ③ 교육활동 침해행위의 축소 및 은폐 금지 ④ 교원치유센터 제정	좌동
예방교육	없음	없음	신설
교육활동 침해행위 규정	없음	없음	교육활동 침해행위 유형화

---

29 김영빈(2021). 다중흐름모형 확장을 통한 교원지위법 개정 흐름 분석, 지방교육경영, 제24권 제1호 99-125.

30 김영빈(2021)의 논문 102쪽의 표를 인용함.

구분	교원지위향상을 위한 특별법	교원의 지위 향상 및 교육활동 보호를 위한 특별법	교원의 지위향상 및 교육활동 보호를 위한 특별법
교육활동 침해 사안 처리	없음	없음	① 시·도 및 학교 교권보호위원회 ② 실태조사
피해교원 조치	없음	없음	① 법률지원단 구성 ② 교원 특별휴가 ③ 보호조치 유형화
가해학생 조치	없음	교육활동 침해 학생에 대한 조치 항목 신설	교육활동 침해 학생에 대한 조치 유형화 및 구체화
법적 구속력	없음	없음	과태료 부과

2019년 개정에서 교육활동 침해 학생에 대한 조치를 ① 학교에서의 봉사, ② 사회봉사, ③ 학내·외 전문가에 의한 특별교육 이수 또는 심리치료, ④ 출석정지, ⑤ 학급교체, ⑥ 전학, ⑦ 퇴학 처분(의무교육과정 중인 학생은 제외)으로 구체화했다. 또한 제22조 과태료 규정을 두면서 정당한 사유 없이 특별교육 또는 심리치료에 참여하지 않은 보호자에게 300만 원 이하 과태료 처분 규정을 신설했다.

서이초 사건 이후 2023년 9월, 교원지위법은 또다시 개정된다. 주요 개정 이유는 이렇다. "교육활동 침해행위 유형을 공무집행방해죄·무고죄를 포함한 일반 형사범죄와 악성 민원까지 확대하고, 가해자와 피해 교원의 즉시 분리 및 교원 보호를 위한 공제사업의 실시 근거를 마련하는 등 피해 교원에 대한 지원을 강화하는 한편, 교육활동 침해 학생에 대한 조치업무 및 교권보호위원회를 교육지원청으로 이관하는 등 관련 행정체계를 기존 학교에서 교육지원청 중심으로 개편하고,

아동학대 신고로 인한 직위해제 요건을 강화하며, 조사·수사 과정에서 교육감의 의견 제출을 의무화하는 등 현행 제도 운영상 일부 미비점을 개선, 보완함."

교원지위향상을 위한 특별법 개정 과정의 역사는 교원의 교육활동이 제대로 이루어지지 않는 침해행위에 대한 엄격한 법 적용을 강화하고 구체화하기 위한 것이라 할 수 있다. 학교폭력에 대해서도 여론이 들끓는 사안이 발생할 때마다 학교생활기록부에 기재하고 대학 입시에서 불이익을 받게 하는 등의 강경 대응책이 주를 이루는 것과 맥락을 같이한다. 2023년 개정에서 특기할 것은 19조 제2호에서 교원의 교육활동을 부당하게 간섭하거나 제한하는 학부모 등의 행위, 즉 ① 목적이 정당하지 아니한 민원을 반복적으로 제기하는 행위, ② 교원의 법적 의무가 아닌 일을 지속적으로 강요하는 행위, ③ 그 밖에 교육부장관이 정하여 고시하는 행위 등을 교육활동 침해행위로 추가한 것이다. 제26조 및 제35조에서 교육활동 침해행위를 한 보호자 등에 대해서도 특별교육·심리치료 등의 조치를 할 수 있게 하고, 정당한 사유 없이 미이행한 보호자 등에 대해 과태료 부과를 규정했다. 이른바 '악성 민원'이 교원의 교육활동을 침해하는 범주로 법 테두리 안에서 규정된 것이다. 이에 따라 악성 민원을 지속적으로 제기하는 학부모는 교육활동 침해자로 규정하여 특별교육을 받게 되고, 어길 경우에는 법적 조치를 취한다는 조항까지 들어가게 되었다.

이러한 법 개정이 이루어지면서 교권 침해 사례가 일부 줄어드는 효과가 나타났다. 특히 아동학대처벌법과 관련하여 교육감의 의견 제출을 제도화하면서 신고 건수가 줄어드는 성과도 있었다. 하지만 교사와 학부모 간 민원 제기 등 교육활동 중에 이루어지는 문제를 제기하고 조정하는 과정을 법적으로 따져 봐야 하는 상황이 생겨났다. "'목적이 정당하지 않은 민원'에 대한 판단은 누가 어떤 기준으로 할 것인가?"가 새로운 과제로 제기되고 있다.

5장
외국 학부모의 학교 참여와
교권 침해 대응

우리는 온라인 커뮤니티에 "개인 연락처를 안 알려주는 선생님은 애정이 없다.", "우리 애는 고집이 세서 이해할 때까지 기다려줘야 한다" 등의 진상 부모 체크 리스트와 "애 아빠가 화나서 뛰어온다는 걸 말렸어요.", "오늘 제가 늦잠 자서 준비물을 못 챙겨줬는데 혼내지 말아 주세요." 같은 진상 부모 단골 멘트가 오르내리는 시대에 살고 있다.[1]

이런 문제는 우리 교육 현장의 특이한 사례일까? 미국, 일본 등에서도 교권 침해와 교사-학부모 관계 악화 문제가 교육의 큰 이슈로 떠오른 지 오래되었다. 미국교육협회가 전국 초등교사 15만 명을 대상으로 조사한 결과, 초등교사 10명 중 3명 이상이 학부모로부터 위협을, 14%는 학생들로부터 신체적 폭력을 당했다고 한다. 미국에서 존경받던 직업의 하나였던 교사는 대표적인 기피 직업이 되었다.

---

[1] 조선일보(2023.7.25.). 진상 학부모 체크리스트 본 교사 "너무 흔해서 타격도 없다"

2009년까지 학부모들에게 "자기 자녀가 교사가 되길 원하는가?"라는 질문에 70% 이상이 그렇다고 답했지만 2022년에는 37%로 떨어졌다. 한편 2020년부터 2023년까지 교직을 그만둔 미국 공립학교 교사는 60만 명에 이를 것으로 추산한다.[2] 특히 우리의 '진상 학부모'에 해당하는 '괴물 학부모(monster parents)'가 일본 교육계의 문제가 된 지는 20년이 넘었다.

이렇듯 학교 구성원 간 갈등과 불신, 교권 침해는 다른 나라에서도 겪는 문제다. 건강하고 바른 학생의 성장을 위해 건강한 학교문화가 필요하며 교사와 학부모가 긴밀하게 협력해야 한다는 것은 만고의 진리다. 이를 위해 외국에서 시행하는 학부모의 학교 참여 형태와 교권 침해 대응 방안을 중심으로 문제 해결의 시사점을 찾아보자.

미국 학부모의 학교 교육 참여 형태

미국에서도 우리와 유사한 1학기와 2학기 초 집중 상담 주간과 유사한 '학부모-교사 면담 시간(Parent Teacher Conference, 이하 PTC)'이 있다. PTC는 학기 초에 학부모와 10~30분 정도 필수적으로 이루어지는 교사와의 상담 시간이다. 물론 학생에 따라 수시 학부모 상담도 있는데, 문자나 이메일로도 가능하다. PTC는 주로 학생의 학업과 관련된 주제로 진행되는데, 학습 태도, 시험 성적, 평가, 포트폴리오와 과제 등에 대한 학생의 학업성취도를 소재로 삼는다. 교사는 학부모로부터 학생의 강점과 약점, 요구, 행동 습관과 학습 방식에 대한 정보를 얻게 된다. 또한 교사와 학부모는 학생의 학업성취도 향상과 학

---

2 동아일보(2023.11.24.). 미국 교사들이 학교를 떠나는 이유

습 몰입도를 높일 방안을 함께 논의하고, 긍정적 학교생활을 방해하는 여러 요인에 대해 이야기를 나누고 해결 방안을 찾아가는 건설적, 양방향 면담이다.[3] PTC의 장점으로 첫째, 교사와 학부모는 학생의 교실 수업 관찰, 시험 데이터, 과제와 포트폴리오를 기반으로 한 학업성취도를 공유할 수 있다. 둘째, 교사는 학부모로부터 학생의 강점과 요구, 행동 및 학습 스타일에 대해 더 잘 알 수 있다. 셋째, 교사와 학부모는 학생들의 학습에 방해가 될 수 있는 요인에 대해 논의하고 이를 지원하기 위한 개입 전략을 논의할 수 있다.[4]

PTC 전에 교사가 준비해야 하는 것은 학생에 대한 정보와 관련 자료를 수집하고 파악하는 것이다. 학생의 수행보고서, 성적표, 진행 보고서 또는 성적표, 채점 방식 및 기타 학생 평가 도구에 대한 학교 또는 교육청의 지침 등을 구체적으로 파악해야 한다. PTC를 진행하면서 성적표나 진행 보고서는 학부모 상담을 위한 발판이 될 수 있으며 대화를 이끌어내는 데 큰 도움을 준다. 또한 공유할 수 있는 표준화된 시험 결과를 확보하고 데이터가 학생들을 위한 교육을 맞춤화하거나 차별화하는 데 어떻게 사용될지 검토한다. 교사는 학부모에게 공유할 학생 평가 자료를 검토하고 가정에서 협조해야 할 사항을 생각하여 메모한다. 특히 학생의 학습 부진 및 부적응 등 문제에 관해서는 그와 관련된 명확한 증거들을 확보하여 학부모에게 제시한다. 또한 학생 문제에 대해 상담 전에 교사가 학부모에게 미리 안내하면 상담 목

---

3 문지효, 미국의 초등학교 학부모 상담은 어떻게 이루어질까
https://post.naver.com/viewer/postView.nhn?volumeNo=30669114&member-No=22346125.

4 Parent-Teacher Conferences: Tips for Teachers, https://kidshealth.org/en/parents/parent-conferences.html

표가 명확해진다.

네브라스카 링컨(Nebraska-Lincoln) 대학의 수잔(Susan) 박사는 건설적인 학부모-교사 관계 구축 방안으로 '세 가지 C(THE THREE C'S)'를 주장했다.[5] 그것은 소통(Communication), 일관성(Consistency), 협업(Collaboration)이다. 소통은 가정과 학교의 소통이다. 수잔 박사는 학부모에게 자녀의 교사와 학년 내내 의사소통을 하라고 조언한다. 또한 자녀의 교육에 참여하고 역할을 할 수 있음을 교사에게 알리고, 효과적인 소통 수단을 교사와 논의하라고 한다. 교사에게 메모를 보내거나 음성메시지를 남기거나 이메일을 보내는 등, 교사와 학부모가 소통할 수 있는 채널을 협의하여 마련하라는 것이다. 이런 소통은 개방적이고, 명확하며 건설적이고 시의적절하며 쌍방향 소통이어야 한다.

한편, 그녀는 학생의 성장을 위한 교사와 학부모의 관계 원칙으로 일관성을 강조한다. 일관성은 가정에서 자녀의 학습을 지원하기 위한 기회와 경험을 포함한다. 학부모는 성공적인 자녀의 학교 생활을 위해 교사에게 가정에서 자녀와 함께 꾸준히 해야 할 과업과 수행 방법을 상의하라고 조언한다. 일정한 시간과 장소에서 책을 읽고, 식사하며 신체활동을 규칙적으로 하는 방식을 교사와 상의하여 일관성 있게 수행하는 것은 자녀의 성공적인 학교생활에 큰 도움이 된다. 일관성은 협업과 밀접한 관련이 있는 것으로, 학부모와 교사가 가정과 학교에서 일관성 있게 해내야 할 과업과 수행 방법을 협의하여 일관성 있게 실천해야 함을 의미한다.

---

5 Susan M. Sheridan. Establishing healthy parent-teacher relationships for early learning success. University of Nebraska-Lincoln. https://earlylearningnetwork.unl.edu/2018/08/29/parent-teacher-relationships (2024.12.23. 인출)

협업적이고 협력적인 교사-학부모 파트너십은 자녀가 잠재력을 최대한 발휘할 수 있게 돕는 구체적이고 긍정적인 전략에 중점을 둔다. 학부모는 먼저 자녀에 대한 교사의 목표와 기대를 이해하고, 학부모도 교사에게 자녀에 대한 목표를 알린다. 협업 과정에서 우려되는 사항이나 자녀의 성향에 따른 도전과제에 대한 수정도 가능하다. 학부모는 자녀의 교사와 협력적인 관계와 계획에 따라 문제 해결을 위해 함께 노력해야 함을 인정하고 해결책과 실천 방안을 같이 논의하고 협업해야 한다.

2020년 8월 뉴욕타임즈에 견고한 학부모-교사 관계를 어떻게 구축해야 하는가에 대한 칼럼이 실렸다. 자폐증 딸을 둔 한 학부모는 교사와 매월 이메일을 주고받고 있다. 이런 정기적 접촉으로 딸의 학습 상황과 학교 생활에 대한 정보를 교환하고 교사에게 상담을 요청한다. 상담 과정에서 학교 교육을 통해 딸이 목표를 최대한 달성하고 있는지 확인한다.[6] 이 칼럼에서 학생의 가족과 교사의 성공적인 관계는 주기적인 교사-학부모 상담을 넘어 일상적 교류에 뿌리를 두어야 함을 강조한다. 플로리다대학교에서 유아교육을 연구하는 노프(Knopf) 박사는 이렇게 말했다. "신뢰는 중요한 요소이며, 교사와 학부모의 신뢰는 일관되고 열린 의사소통을 통해 발전한다. 견고한 학부모-교사 관계의 이점은 분명하며 교사가 아이를 더 잘 이해할 수 있게 하고, 학부모가 교사에게 주는 아이의 정보는 교사로 하여금 더 적합한 전략을 사용하는 데 큰 도움을 준다." 또, 교사와 학부모는 아이의 학습·정서적 특징을 알 수 있도록 서로가 가진 정보를 나누고, 양방향 의사소통으로 학생의 목표와 기대를 설정한다. 목표와 기대의 달

---

6 NEWYORK TIMES(2020.8.29.), How to Forge a Solid Parent-Teacher Relationship.

성을 위해 계획을 세우고, 우리의 학부모회에 해당하는 사친회(Parent Teacher Association: PTA)에서 적극적으로 활동하라고 권고한다.

캐나다의 학부모위원회

캐나다 온타리오 주의 학교에는 학교운영위원회(School Council)와 학부모위원회(Parent Involvement Committees, 이하 PIC)가 있다. 특히 PIC는 학생의 성취와 복지를 위한 학부모 학교 참여 지원 및 격려를 목표로 한다. 구체적으로 학부모의 학교 참여에 대한 정보 제공과 자문, 학교운영위원회와 소통, 자녀의 학습 지도를 위한 다양한 활동을 지원한다. PIC는 주 교육부가 학부모와 효과적으로 소통하고, 많은 학부모가 자녀 교육에 참여할 수 있도록 관련 정책 및 법안을 발전시킬 의무가 있다. PIC는 주 정부 및 관련 기관에 학부모의 학교 참여와 관련된 정책 실행을 요청할 수 있고, 학교운영위원회와 주 교육부에서 받은 정보를 학부모에게 전달하는 역할을 한다. PIC 회원은 위원회 내규에 따라 선발하거나 교육청에서 임명한 학부모들로 구성되며, 교육감과 임명된 교육청 직원을 포함한다. 위원회 대표를 직접 선거로 임명할 수 있고, 회장 1명과 부회장 1명을 둔다.[7]

브리티시컬럼비아 주 학부모의 학교 참여는 교사와의 커뮤니케이션과 학교교육 자원봉사로 나눌 수 있다. 교사-학부모 커뮤니케이션의 예로 교사와의 만남의 밤, 목표설정 미팅, 학부모-교사 컨퍼런스, 학부모 또는 교사가 요청하는 면담 형태를 들 수 있다. 교사와의 만남은 학기 초, 학교를 방문하여 자녀의 담임교사를 만나 학급 프로그

---

7 교육정책네트워크: https://edpolicy.kedi.re.kr (캐나다 학부모 학교 참여 실태)

램이나 연중 계획에 대한 정보를 공유한다. 우리의 학기 초 학교 설명회와 학급경영 설명회와 비슷하다.[8] 학부모의 학교 자원봉사는 단기와 장기로 나뉜다. 단기 자원봉사의 예로는 학생들의 안전하고 즐거운 야외 학습을 위해 교사들을 보조하는 역할과 학교의 특별행사를 보조하는 역할로 콘서트, 연극관람, 과학경시대회, 문화행사 및 디너파티, 스포츠의 날 행사를 지원한다. 장기간 학교 자원봉사의 예로는 소그룹 학생과 함께하는 독서, 미술과 수학 수업에서 보조, 게시판과 학교 행사 꾸미기, 학교 안전 및 특별프로그램 보조, 도서 정리, 점심 배식 등이 있다.[9]

영국 학부모의 학교 참여

영국의 학부모 학교 참여 정책은 대처 정부에서 추진했던 신자유주의 국가 정책 노선과 관련하여 살펴볼 필요가 있다.[10] 영국의 공공부문 서비스는 고객 서비스의 질 향상과 권리 보장을 위해 공공기관이 일종의 선언문, 약속 헌장 등을 만들고 이행하게 한다. 이것은 일종의 각서인데, 공급자가 고객에게 제공하는 서비스의 내용과 질에 대한 약속과 책임을 공표하는 것이다. 1997년 교육고용부가 발간한 '학교 안의 수월성(Excellence in Schools)' 백서에서 학교와 가정 협력을 증진하는 세 가지 요소를 제안했다. 그 세 가지는, 학교는 학부모에게

---

8 앞의 사이트.

9 앞의 사이트.

10 5·31 교육개혁 조치로 학부모를 수요자로, 교사를 공급자로 규정한 신자유주의 교육정책의 본산지라는 점에서도 주목할 필요가 있다.

정보를 제공하고 발언권을 부여하며 학부모와 학교의 협력 관계를 증진시키는 것이다. 그 후 정부는 학교와 학부모 간 정기적 정보 교류와 소통을 위한 다양한 전략이나 정책 및 프로그램을 개발해 왔다. 특히 학교와 학부모의 관계 정립을 위해 '가정-학교 합의서(Home-School Agreements)'가 도입되었고, 각 학교의 학부모 설문조사 결과를 학교 감사자료로 활용하게 했다. 또한 학부모 협의회를 설치하고 학부모 대표 운영진을 선출하도록 법률을 제정했다.[11]

2013년 영국 교육부는 '가정 학교 합의 길잡이(Home-School Agreements Guidance for local authorities and governing bodies)'를 내놓았다. 우리로 치면 교육청이나 교육부가 학교에 내리는 지침의 일종인데, 이 합의서에 포함해야 할 필수 사항은 첫째, 학교의 목표와 비전, 둘째, 학생에 대학 학교의 책임, 셋째, 예비 학부모 및 학부모에 대한 학교의 책임에 관한 내용이다. 이러한 합의서와 학부모의 선언과 요구는 공개되고 발표되어야 한다. 또한 학교는 모든 학부모가 가정-학교 합의서를 이해하고 수용함을 서명할 수 있도록 합리적 조치를 취해야 한다. 여기에는 학교의 윤리적 의무, 정기적·정시적 출석의 중요성과 책임에 대한 사항, 과제와 관련된 학교·학생·학부모에게 요구되는 사항, 좋은 교육과 행동을 위한 중요성과 책임에 대한 사항, 학교와 학부모 서로에게 제공될 정보들에 대한 사항 등을 포함한다.

이렇듯 신자유주의 정책적 특징이 학교-학부모 관계에 반영되고 있다. 특히 교육청의 학교 감사에 주요한 자료나 근거로 학부모, 학생의 의견과 설문조사가 큰 영향을 미친다. 물론 학교에 불만 사항이 있는 경우, 학부모는 학교에 대한 민원 제기, 교육청에 대한 민원 제기,

---

11　교육정책네트워크: https://edpolicy.kedi.re.kr (영국 학부모 학교 참여 실태)

국민 신문고 등에 의견을 접수하는 제도가 마련되어 있다. 그리고 정기적인 학교 감사가 학생 평가 자료 및 출석자료, 재정자료, 교직원 복무 등에 대한 학교 내부 자료를 중심으로 시행되며, 학생과 학부모의 설문조사와 의견을 학교 감사의 근거자료로 활용한다.

프랑스 학부모의 학교 참여

프랑스 학부모들이 학교교육과 학교 밖 지역사회 기관에 적극 참여하는 것도 주목할 만하다. 도서관과 박물관, 청소년 센터 등 지역사회기관에서 학부모 교육 등이 평생학습 차원에서 이루어지고 있고, 지역과 학교, 기업이 연계된 평생학습 시스템이 잘 갖추어져 있다.[12] 1970년대 학부모의 역할과 지위가 공식화하면서 프랑스 학부모의 학교 참여는 더욱 활발하게 이루어진다. 교육법 제111-1조 및 제111-2조에 명시된 학부모의 권리는 자녀 교육 관련 정보를 학교로부터 제공받을 권리, 자녀 교육에 대한 의견을 직접 또는 학부모 대표를 통해 간접적으로 전달할 권리, 학교에서 이루어지는 시험을 포함한 각종 학교활동에 대해 거부할 권리, 필요할 때 학교로부터 도움을 받고 존중할 권리 등이다.[13]

학부모들은 자녀의 학교생활에 대한 평가를 3개월마다 받아볼 권리가 있고 학교는 이를 성실히 통지할 의무가 있다. 학교 운영에 관한 학교 규정에 대해 매년 초 학교장은 학부모들과 회의를 열도록 의무화했고, 1년에 최소한 두 번 이상 교사들과 학부모가 학교 행정과 교

---

12 이민경(2009). 프랑스 학부모의 학교교육 참여, 교육문제연구, 제34집, 64-65쪽.
13 앞의 논문. 68쪽.

육과정 운영에 대한 충분한 정보를 공유하고 의견을 피력할 수 있는 장을 마련해야 한다. 학부모가 자녀들의 학교생활과 성적, 진로 관련 정보의 요구 또는 면담을 요청할 경우 학교와 교사는 이에 응할 의무가 있다. 교육 시스템에서 가장 멀리 떨어져 있는 학부모에게 특별한 주의를 기울여 정보에 대한 학부모의 권리를 효과적으로 보장하는 것을 학부모의 학교 참여 정책 기조로 삼고 있다. 학부모가 학교에 친숙해지도록 도와주는 가족 교육 활동, 학부모 키트(Mallettes des Parents) 프로그램을 운영하고 학부모의 학교생활 참여를 독려하기 위해 학생의 진로 교육과 연계된 교육과정에 학부모의 참여를 요청하며, 학부모가 학부모회 활동과 학부모 대표 선출에 참여하도록 권장한다.[14]

이와 함께 학부모의 의무도 규정하는데, 학교 참여 의무와 자녀들의 학업성취를 위해 학교와 함께 노력할 의무가 있다. 프랑스는 학부모 단체를 통한 참여권은 학부모가 학교 운영과 교육활동에 참여할 수 있는 권리를 보장한다. 프랑스 학교에서는 매 학년 초 학교운영위원회(Conseil d'administration) 후보들이 학부모 직접 선거에 의해 선출되면 학교와 지역, 국가의 교육정책 결정 과정에서 학부모 대표로서 강력한 의사 결정권을 갖는다. 프랑스 학교 운영에 관한 전반적 사항을 의결하는 학교운영위원회는 학교 재정, 학사 운영, 학교 안전, 급식, 교재 채택 등의 결정권이 있다. 학교운영위원회는 지방자치단체 대표 1/3, 교사 대표 1/3, 학부모와 학생 대표 1/3로 구성되는데, 3분기마다 회의를 연다. 학부모 대표들의 학교 참여를 보장하기 위해 관련 회의 참석 때마다 학부모들의 직장에 공문을 보내 결근할 수 있

---

14 김세희(2024). 프랑스 학부모의 학교교육 참가 제도. 대한교육법학회 2024년 비교교육법포럼 발표 논문.

게 조치한다. 학부모 대표는 학생의 유급과 월반, 상급학교 진학 등 진로에 대한 의견을 개진할 수 있다.[15] 학부모가 학교 활동에 참여할 수 있는 방식으로 학부모 연합회(associations de parents d'élèves)를 통한 참여도 제도화되어 있다. 프랑스의 대표적 전국적 학부모 단체는 1950년 창설되어 전국적 조직망을 갖춘 학부모 자문연합(FCPE: Fédératils de Parents d'Elèves)과 공교육 학생 학부모연맹(PEEP: Fédération des Parents d'Elèves de l'Enseignement Public)이 있다. 또한 직업고등학교 학부모 단체인 공교육 학부모국가연합(FNAPE: Fédération Nationale des Associations de Parents d'Elèves de l'Enseignement Public)과 학부모 자율국가연합(UNAAPE: Union Nationale des Associations Autonomes de Parents d'Elèves) 등 다양한 단체들이 있다.[16] 교육부 장관이 의장을 맡아 국가 교육과정, 학위 수여, 학교 환경 및 교육에 관한 교육부의 모든 안건에 대해 의견을 제시하는 자문기구인 최고 교육위원회에 95명의 위원단 중 12명이 학부모 대표(공립학교 9명, 사립학교 3명)로 구성되는데, 공립학교 대표자 9인이 학부모 연합회의 추천으로 선정된다.

독일 학부모의 학교 참여

학부모의 학교 참여 면에서 가장 앞선 제도를 운용하는 국가로 독일을 들 수 있다. 바덴 뷔르텐부르크(Baden-Württenburg) 주를 중심으로 독일의 학부모 학교 참여 제도를 살펴보자.[17]

---

15 앞의 논문, 69-70쪽.
16 앞의 논문. 69쪽.
17 박신욱(2024). 독일의 학부모 학교 참여 법제 분석. 교육법학연구, 36(3). 29-48.

독일은 학급마다 학부모회를 조직하며, 자녀가 입학하는 경우 학부모의 학부모회 가입이 의무는 아니지만 85% 이상 학부모들이 학부모회에 가입한다. 학년 학부모회의 대표들이 학교 학부모회를 구성하고, 학교 학부모회 대표는 학교전체회의(Schulkonferenz)에 참석하여 학교의 중요한 의사결정에 참여하고 학부모회 행사를 조직한다. 학교장은 어떤 결정을 하고자 할 때 학부모회의 의사를 확인하는 경우가 대부분이다. 학교 학부모회는 학부모와 교사 간에 학생에 대한 경험을 공유함과 동시에 서로 조언하고 제안하게 되며, 학급 전체의 발달 수준, 시간표 및 특별히 제공되는 수업, 평가 기준 및 방식, 숙제와 진급 여부에 대한 평가, 수업자료, 학교 전체 회의에서 도출된 사항 등에 대해 학부모에게 정보를 전달하며, 교육 방법론에 관한 문제 등에 대해 교사에게 질문할 수 있다. 학부모회 대표들은 학군 단위 전체 학부모회를 구성하고 학군 학부모회는 의장과 부의장을 두며, 임기는 1년이다. 모든 공립학교의 학부모 질문에 조언하고, 공립학교 발전에 기여하며, 학교 학부모회 구성원이 제안하는 사항을 논의한 후 해당 학교에 그 제안을 전달하거나 권고한다. 학군 학부모회는 학부모회가 부담하는 일반적인 책임 사항 중 해당 학교의 범위를 넘어서는 모든 문제에 대해 일반적인 책임을 부담한다. 주마다 전체 학부모회를 구성하고 있고 바덴뷔르템부르크 주의 경우 학부모회는 34명으로 구성되는데, 주를 네 지역으로 구분하여 지역마다 8명의 학부모회 위원을 선출하고, 대안학교 학부모 대표 2명을 선출하는 방식으로 지역 대표성을 확보하고 있다. 또 지역별 대표는 학교급과 학교 종류(예: 초등학교에 해당하는 Grundschule, 중등학교에 해당하는 Gymnasium, 특성화고등학교에 해당하는 SBBZ 등)별로 학부모회 구성원을 선임하여 학교 대표성을 확보하고 있다. 주 전체 학부모회는 문화부장관에게 교육과정 설계 및 교과서 승인 같은 교육 및 교수법에 대한 일반적인 문제에 대해 조언하고, 교육 관련 제안을 할 수 있다.

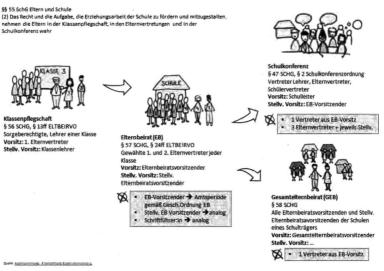

독일 학부모회의 조직   출처: 박신욱(2024)

독일 학부모회는 법적 근거를 가지고 활동하며, 바덴 뷔르텐부르크 주 학교법에 다음과 같이 규정하고 있다.

제55조 [부모와 학교] (1) 학부모는 학교 교육에 참여할 권리와 의무가 있다. 청소년 양육과 교육에 대한 학부모와 학교의 공동책임을 위해서는 당사자 간 신뢰적 협력이 요구된다. 학교와 가정은 청소년

양육과 교육을 상호지원하고 교육공동체를 유지한다. 학교는 학부모가 학교에서 자신의 권리를 행사할 수 있도록 이를 장려하고 지원한다. 이는 특히 이민 배경이 있는 학부모에게도 적용된다.

(2) 학부모는 다음 각호의 경우 학교의 교육활동에 참여할 수 있는 권리와 책임을 행사한다.

1. 학부모와 교사로 구성되는 회의

2. 학부모로 구성되는 회의

3. 학부모, 교장, 교사, 학생 등으로 구성되는 학교전체회의 …

미국의 교권 침해 대응

미국의 한 교사는 "내가 가치 있다고 느끼지 못했고, 인정받는다는 느낌도 받지 못했으며, 학생과 학부모는 교사에게도 감정이 있다는 사실을 잊고 있는 것 같다"고 심경을 토로했다. 학생들이 보는 앞에서 한 학생의 친척에게 폭행당한 교사는 "우리는 가르치는 것이 두렵고 일하는 것이 두렵다"면서 부모들이 언어적·신체적 폭력을 점점 더 많이 행사하고 있다고 지적했다.[18] 이 언론 보도는 교사와 학생 학부모 간 관계에서 교권 침해에 관한 문제가 미국에서도 심각한 사회적 과제임을 보여준다.

미국의 전통적 학교 규율은 '응징적 정의(Punitive Justice)'와 유사한 것으로, 학교의 안전과 정상적 운영을 위한 것이라면 명확한 증거가 없더라도 학생들의 정학 또는 퇴학이 관행적으로 이루어져 왔다. 하

---

18 경향신문 (2023.08.27.) 미국에서도 '교권 침해' 시달리는 교사들…"가르치기 두렵다."

지만 학생의 규율 위반 행위를 통제하기 위해 경찰이 학교 질서 체계에 개입하고 학교에서의 학생 징계가 사법적 절차로 연결되는 문제가 지적되었다. 그 대안으로 학생 스스로 책임을 갖고 문제를 해결하고자 하는 '회복적 정의(Restorative Justice)'에 기반을 둔 교육활동이 권장되었고, 주 정부에도 이를 반영한 교육정책을 수립했다.[19]

미국에서 2001년 제정된 연방 교사 보호법(Teacher Protection Act)에 의하면 교사는 고용 범위 또는 책임 범위에서 행한 정당한 학생 지도에 대해 고의 또는 범죄에 해당하거나 중과실 등에 의한 피해가 아니면 책임지지 않는 면책특권이 있다.[20] 플로리다주에서는 2023년 5월 '교사 권리장전(Teachers' Bill of Right)' 법안이 통과되었다. 이 법안은 교사에게 교실을 통제할 수 있는 권한을 부여하여 교권보호와 존중을 강조했다. 교사의 교육활동 보호를 위해 교사의 과도한 폭력이나 비정상적 처벌이 아니면 교사의 교육활동은 민사 또는 형사상 책임을 지지 않고, 교사의 교육활동 과정에서 발생하는 민사 또는 형사소송이 제기되는 경우 관할 교육구에서 법률 서비스 비용을 지원한다. 또한 교사의 수업 통제권으로 교사는 교실 내 행동 규칙을 정할 수 있고 이를 위반한 학생의 행동을 교정하기 위한 절차를 마련하여 시행할 수 있는 권리가 있으며, 반항적이고 무례하거나 폭력적이어서 통제할 수 없는 학생을 교실에서 퇴실시킬 수 있고, 학교 또는 관할 교육위원회 담당자에게 인계하여 필요한 지원을 요청할 수 있다. 교사는 학생 자신이나 다른 사람의 피해를 방지하기 위해 주 교육위원회에서

---

19 최서지(2023. 8.), 미국의 교사 교육활동 보호 입법례, 최신 외국입법정보, 2023-16, 국회도서관.

20 앞의 보고서, 2~3쪽

채택한 기준에 따라 합리적 물리력을 사용할 수 있다.[21]

웨스트버지니아주에서는 문제를 일으키는 학생을 대안학습센터 (Alternative Learning Center)로 보낼 수 있다. 6학년에서 12학년에 해당하는 학생이 교실에서 다른 학생의 학습을 방해하는 경우 교사는 그 학생에게 퇴실 명령을 내릴 수 있다. 학습 방해 행위는 교사나 학생을 위협하거나 위협하려는 경우, 교사의 정당한 지시에 고의로 불복종하는 경우, 교사에게 욕설이나 비속어를 사용하는 경우, 그 외 교육환경의 질서를 방해하는 행위 등이다. 문제 학생을 교실에서 퇴실시킨 교사는 24시간 이내에 교육정보시스템(WVIES)에 전자기록을 제출하고 해당 사안을 학교장과 논의한다. 학교장은 교사의 학생에 대한 징계가 타당하다고 판단하면, 학부모 등 보호자에게 통지한다. 이런 문제가 바로잡히지 않고 세 차례 이상 반복되는 경우 교장의 정학 처분 또는 대안학습센터로 이동을 결정할 수 있다.[22]

미국의 학부모 관련 교권보호 대응 시스템의 특징은 교사와 학생 또는 학부모의 사적 접촉 금지, 공식적 채널을 통한 학부모 민원 제기 및 대응, 학교의 교사와 학생인권 보호의 법적 책임 등이다. 미국도 최근까지 교사와 학생, 학부모가 정규 학교 시간 외 방과 후에도 전화통화를 하는 등, 소통이 느슨하게 관리되었다. 그러나 최근 페이스북 등 SNS 등을 통해 교사와 학생, 학부모가 연결되고 교사의 사생활이 노출되면서 문제가 발생하자 교육 당국은 모든 공립학교에 "교사는 학부모와 학생과의 개인 이메일이나 전화, SNS 접촉을 금지한다."는 지침을 보냈다. 학부모의 민원 제기는 공식 채널, 학교 이메일이나 전화를 통

---

21 앞의 보고서, 3쪽.
22 앞의 보고서, 4쪽.

해서만 담임교사, 교장 등에게 전달할 수 있다. 익명으로 문제를 제기하는 경우, 학교는 응답하거나 해결 방안을 제시할 의무가 없다. 특히 학생이나 학부모가 부당하게 교사를 공격하는데 교육 당국이 교사를 보호하지 않으면 법적인 책임을 져야 하며, 교사 노조는 부당하게 공격받는 교사들을 위해 분쟁이나 고충 사항을 해결하고자 적극적으로 노력한다.[23]

텍사스주는 보호자가 학교에 민원을 제기하는 경우 공식적으로 3단계 절차에 따르게 한다. 1단계는 학교장에게 서면으로 고충 제기, 2단계는 교육감에게 서면으로 요청, 3단계는 학교 이사회나 지역 교육위원회에 서면 접수 등이다. 학부모의 정당한 민원 제기에 학교장은 합당한 대응을 하되, 반복적이고 도를 넘는 악성 민원은 괴롭힘(harassment)으로 규정하여 학교접근 금지 처분을 할 수 있고, 관련 보호자는 학교 건물에 접근할 수 없다.[24]

캐나다의 교권 침해 대응

캐나다 교육법 제13조는 "학부모는 자녀의 문제에 대해 상의할 때는 학교 측 관계자와 합리적으로 대화를 통해 의사소통하고 자녀의 교육에 함께 책임감을 가져야 한다. 또한 교사와 학부모가 서로 존중하고 예절을 지키며 학생에 관해 상담하는 태도를 지녀야 한다."고 규정한다. 제22조는 "학교 내 위협, 모욕적인 언행을 하는 사람과 학교

---

23 민들레(2023.8.4.). 미국의 교권보호⋯학부모→교사 개인전화 못 한다.
24 현장교원정책TF연구보고서(2023). 현장교사들이 생각하는 학교교육 정상화를 위한 현 정책에 대한 해결 방안 연구, 62쪽.

규칙과 훈육 규정을 위반하는 사람은 징계할 수 있다."고 규정한다.[25] 학부모가 교실에 난입하여 교사에게 고함을 치는 경우, 교사가 공개적으로 모욕받는 경우, 교사 개인 소유물이 손상되는 경우, 밀치거나 신체적 접촉을 통해 불쾌감을 받는 경우, 반복되는 전화로 괴롭힘을 받는 경우 등을 교권 침해 유형으로 규정한다. 이와 관련하여 괴롭힘, 협박, 폭력, 차별, 악의적 선전, 공공 소유물 절도, 안전과 건강을 위협하는 행동 등을 금지한다.[26] 캐나다는 학교가 교육계획, 규칙, 학생-학부모-교사-학교장 등의 역할과 책임을 학교 구성원에게 확실하게 전달하고 홍보하도록 한다. 이것은 교권 침해를 예방하기 위한 사전적 조치의 의미가 있다.

그럼에도 학생이 교사의 안전을 직접적으로 위협하는 경우 곧바로 보호조치를 취한다. 학교 밖 퇴실이 대표적이다. 반복되는 학생의 문제행동으로 교사의 교육활동을 방해하는 경우 개인 상담이나 교육프로그램 이수를 권고할 수 있다. 이러한 프로그램으로도 개선되지 않고 학부모의 지지도 없는 경우 관계 위원회를 열어 아동복지부에 위탁 추천서를 보내서 대안교육을 이수하게 할 수도 있다.[27]

캐나다 학교에서 학부모를 비롯한 외부인으로부터 교권이 침해되는 경우에는 다음과 같이 대응한다. 교사의 교육활동을 방해하는 사안이 발생한 경우 교육청과 경찰, 주 정부의 신고 절차에 따라 보고된다. 학교에서 1차적으로 학교분쟁위원회를 소집하여 처분에 따라 해

---

25 홍신기(2014), 주요국의 교권보호 방안에 대한 사례 연구, 학습자중심교과교육연구, 14(1), 28쪽.

26 앞의 논문, 29쪽.

27 앞의 논문, 29-30쪽.

결한다. 또한 학부모 등 외부인이 학교교육 활동을 방해하는 경우 학교 건물 밖으로 내보낼 권리가 있으며, 경찰의 협조를 받아 이행한다. 이 과정에서 학교에 중대한 피해를 입힌 사람에게 학교 출입을 금지할 수 있다. 또한 학교 불법 침해 1회 시 25~200달러, 2회부터는 100~1,000달러의 벌금을 부과할 수도 있다.[28]

영국의 교권 침해 대응

영국은 교육법에 학생의 수업 방해 등 부적절한 행위에 대하여 교사가 교육적 권위를 가지고 적절한 방법으로 처벌할 수 있는 권한을 명시하고 있다. 동 법에서 교사는 학생의 부적절한 행동에 대해 훈육적 처벌을 할 수 있고, 학교장은 그 범위를 조절할 수 있다고 규정한다. 교육법을 근거로 한 교사의 훈육은 형사처벌에 해당하지 않는 모든 부적절한 행동이나 괴롭힘 등에 적용된다. 교사의 훈육이 필요한 학생의 부적절한 행위에는 교내·외 교육활동 방해 행위, 교복 착용 문제, 학교 운영에 차질을 주는 행위, 또래 학생 및 학교 방문객에게 위협을 가하는 행위, 학교 명성을 훼손하는 행위 등을 들고 있다. 행동의 개선이 없는 학생들을 교실 밖으로 내보낼 수 있고, 교사 혹은 또래 학생에게 신체적 위협을 가하는 학생에게 학교장은 정학이나 퇴학 처분을 할 수 있다.[29]

---

28 앞의 논문, 30쪽.

29 앞의 논문, 32쪽.

독일의 교권 침해 대응

독일의 경우 교권이란 교사의 권위와 권리를 포괄적으로 의미한다. 여기서 교사의 권위란 교사 자신이 갖춘 실력과 인격에서 기인하는 신뢰를 토대로 형성된 것이며, 교사의 권리는 수업 자율권과 교육 자율권, 국가에 대한 업무 보장권과 공무원으로서의 복지 혜택권을 포함한다. 각 주의 학교법은 교사의 권리에 대해 명시하고 있다. 교사는 수업과 관련하여 교육 자율권과 수업 자율권을 최대한 보장받는다. 교사가 보장받는 교육 및 수업 자율권에 따라 학기 수업 운영에 관한 세부 사항은 교사가 자율적으로 정한다. 주 교육부가 큰 틀에서 과목별 교육과정, 수업시수 등을 제시하지만 각 교과의 수업 목표와 다양한 방침만 제시할 뿐이며, 세부적인 수업계획과 실행은 교사가 정한다. 독일에서 교사는 상대적으로 강력한 교권이 있다고 여겨진다. 교사의 교권은 학교문화에 의해 형성된다. 시험은 선다형 문제가 아닌 서술형·구술형으로 출제되며, 질문과 발표 등 평소 수업 태도가 평가에 포함되기 때문에 수업 내용에 대한 이해와 수업 참여가 매우 중요하다. 또한 교사가 시험 문제를 출제하고 평가하기 때문에 학생들은 교사의 수업 내용에 집중하게 된다. 평가 방식은 학생들의 등수를 매기는 상대평가가 아닌 절대평가로 이루어지기 때문에 학생 간 경쟁이 치열하지 않다.

독일의 저(低)경쟁교육은 교사의 수업 자율권을 보장하는 요인으로, 교사의 교육 자율권 보장은 교사가 수업을 다양하게 진행하고 소신 있게 학생을 평가할 수 있도록 하여 결과적으로 교권을 확립하는 중요한 배경이 된다.[30] 독일에서도 교권 침해 학생에 대한 교사의 징계 권한을 법적으로 명시하고 있다. 독일은 교권 침해 사안을 교사 개인이 아닌 학교와 지역사회 전체가 함께 책임진다는 점이 특징이다. 학교에서 교권 침해 사안이 발생한 경우 교사는 수업 방해 행위의 경중이나 행동 변화 여부 등을 고려하여 경고-수업 배제-퇴학 순으로 대처할 수 있다. 교권 침해 행동을 한 학생의 일탈 행위의 수위가 높고 반성을 통한 행동 교정 가능성이 없는 경우, 교장 또는 학내 자치 교원위원회를 거쳐 퇴학 처분을 할 수 있다. 학교 내 해결이 불가능한 경우 교육법령에 따라 주 단위에서 교권보호를 심의하고 결정할 수 있다.

---

30 정수정(2014). 독일의 교권보호 정책과 시사점, 교육정책네트워크.

6장
일본의 '괴물 학부모'와 대응 정책

저출생 고령화, 지역 소멸, 저성장과 지속가능성 등의 과제와 관련하여 일본 사회는 우리보다 앞선 경험과 정책 대응에서 많은 시사점을 준다. 교사와 학부모 관계에 대한 궁극적인 해결 방안을 보여주는 일본 영화 〈괴물〉이 한국에서 상영되면서 많은 공감을 얻는 것도 그러한 맥락을 보여준다.

괴물 학부모의 등장

한국의 교직사회에 '진상 학부모'라는 말이 통용된다면, 한때 일본에서는 교직사회는 말할 것도 없고 사회 전체적으로 '괴물 학부모'라는 용어가 널리 쓰였다. 학교와 교사를 상대로 괜한 트집을 잡거나, 무리한 요구를 반복하는 보호자들을 괴물 학부모라고 부른다. 일본에서는 이미 1990년대 말부터 교사와 학교를 상대로 무리한 불만을 제기하는 학부모들이 등장했는데, 2008년 한 방송국에서 '괴물 부모'라는 제목의 드라마를 방영하고,[1] 이 드라마가 인기를 얻으면서 '괴물 부모'라는 용어가 널리 퍼졌다. 이 드라마에는 "딸의 담임을 교체해달라", "학급을 폐쇄해달라", "급식비를 걷지 말라"는 요구를 하는 학부모가 등장한다. 이 시기에 우리 언론에도 일본 괴물 학부모 현상이 소개되었다.

한국과 마찬가지로 일본에서도 신임 교사의 자살 사건이 중요한 계기가 되었다. 교사 자살 사건을 계기로 존경과 선망의 대상이던 교직의 기피 현상이 시작되었고, 일본 교사의 질이 하락했다는 평가가 나오게 된다. 일본은 1970~80년대 교내 폭력과 학생 탈선이 크게 문제시되었는데, 이를 해결하기 위해 교사들이 권위주의적 방식으로 아이들을 통제했다. 그럼에도 학교는 교내 폭력과 괴롭힘에서 많은 학생을 지켜주지 못했다. 교사의 권위주의적 통제와 학교폭력과 괴롭힘을 경험한 세대가 학부모가 되자 교권과 학교에 대한 불신이 몬스터 페어런츠(이하 괴물 학부모)의 배경이 되었다는 분석이 일본 교육계에서 제기되기도 했다.

일본의 괴물 학부모들은 학교에 대해 어떤 요구를 하는 사람들일까? 도교도교육위원회 산하 교육상담센터에서 펴낸 책자는 일본의 학교에서 발생하는 교사와 학부모 간 여러 가지 갈등 사례를 소개한다.[2] 그 가운데 두 가지 사례를 살펴보자.

---

1 2008년 7월 1일부터 같은 해 9월 9일까지 11회 방영되었다. 지금도 Youtube에서 방송물을 시청할 수 있다.
2 東京都教育相談センタ(2022). 学校問題解決のための手引き－保護者との対話を生かすために－.

❶ 학생 A가 계단에서 넘어져 얼굴을 다쳤다. 주변에 있던 학생들은 발칵 뒤집혔고 양호교사가 급히 달려왔지만 A의 앞니가 부러져 있었다. 양호교사는 부러진 치아를 보존액에 넣는 등 응급처치를 한 후 보호자에게 전화해 상황을 설명했다. 학부모가 전담 치과의사를 지정해 부교장이 구급차를 요청했고 양호교사가 동행했다. 진찰 결과 부러진 앞니는 어떻게든 재생할 수 있지만 외형이 조금 검게 변한다고 했다. 그 밖에 이상한 점은 없었다.

다음날 교장은 가정을 방문하여 A 학생을 병문안했고, 학부모에게 학교 관리 하에 사고가 난 것을 사과했다. 학부모는 "아이는 지난해에도 계단에서 넘어져 팔이 골절돼 체육제에 나가지 못했다. 두 번이나 다치는 것은 이 학교 시설 미비 때문이다. 아이 눈높이에서 평소 시설을 점검해 두면 위험 요소가 발견될 텐데 그걸 게을리한 것은 아닐까. 앞니는 완전히 낫지 않았다. 손해배상해 달라."고 했다.

❷ 초등학교 1학년 학생 A는 저체중아로 태어났다. 신체는 표준적인 키와 몸무게에 차츰 근접했지만 이후 검사에서 가벼운 선천성 난청이 있는 것으로 나타났다. 유치원에서는 주변 원아들과 행동을 맞추지 못하거나 담임의 지시를 무시하기도 했지만 교직원들이 생활 곳곳에서 극진히 지원해왔다. 취학 상담에서 학부모는 일반학급 입학을 강력히 희망하여 현 초등학교 일반학급에 입학했다. 학부모는 교육에 관심이 높아 입학식 날 담임에게 난청이 있는 아동 A에 대한 배려를 당부했다. 실제로 입학 초부터 "좀 더 시각적인 교재를 늘려 주었으면 한다"거나 "학급 문고의 책이 적다"

고 하는 등, 수시로 다양한 요망사항이 있어 담임은 매번 개별적으로 응해 왔다. 그러나 학부모의 요청은 차츰 횟수가 늘었고 내용도 "대화 활동은 하지 않았으면 좋겠다.", "모든 발언을 판서해 달라"는 등으로 확대됐다. 그리고 하루 종일 복도에서 수업 모습을 감시하는 등, 수업에 차질이 빚어졌다. 약속 없이 방과 후 면담을 요청하고 면담 중에는 큰 소리로 장시간 대화를 이어가게 됐다.

여전히 일본에서는 '괴물 부모'라는 표현이 종종 쓰이지만, 학부모와 교사 관계 연구의 권위자인 오노다 마사토시(小野田 正利) 전 오사카 대학 교수는 '괴물'은 인간이 아니므로 상종할 수 없는 존재라는 인식을 강화하기 때문에 이 표현은 사용하지 않아야 한다고 주장한다.[3] 한국 교사들이 사용하는 '진상 학부모'라는 표현도 사용을 자제할 필요가 있다.

교사의 죽음

괴물 학부모에 대응해야 하는 교사들의 부담은 상당했고, 그 과정에서 잇따라 안타까운 일이 일어났다. 2006년 6월 1일, 도쿄도 신주쿠구립 초등학교에 근무하는 23세 교사가 스스로 생을 마감했다. 그녀는 어릴 적부터 교사가 되고자 했고, 대학 재학 중에는 자원봉사에도 적극적이었다. 주변 사람들은 모두 "좋은 선생님이 될 것"이라고 했다. 처음 교사가 되어 2학년 담임을 맡게 되었는데, 1학기를 시작하

---

3 조선일보(2023.9.29.). "학부모, 학교는 편의점처럼 생각하고 자기 책임은 뒷전…정부 차원 대책 지속돼야" 오노다 마사토시 오사카대 명예교수 인터뷰

자마자 한 학생의 보호자가 교사와 학부모가 주고받는 연락장에 교사의 학생 지도 방식을 비판하는 글을 반복적으로 적어 보냈다. 글의 내용이나 표현은 매우 부적절한 것이어서, 그 연락장을 살펴본 교육위원회 관계자들은 "교사의 부모님이 연락장을 보셨다면 큰 충격을 받으셨을 것"이라고 하기도 했다. 어느 날은 이런 글을 보내기도 했다. "당신이 학부모를 업신여기고 있다. 결혼도 육아도 해보지 않아서 경험이 부족하다. 교장을 면담하여 당신 문제를 거론하겠다." 그 며칠 후에는 학부모 네 사람이 갑자기 학교에 들이닥쳐 수업을 참관하고 교장을 면담했고, 이 자리에서 "시간표 배부가 늦다", "주별 시간표를 배부해주면 좋겠다", "숙제를 어떻게 제출해야 하는지 분명히 정하지 않는 것은 문제"라는 등의 불만을 제기했다. 이 자리에 그 교사는 동석하지 않았다.

그 교사는 학교에서 지지받지 못했다. 학교장이나 교감은 교사의 일을 대수롭지 않게 여겼다. 오히려 교사가 어린이회 참가 티켓을 아이들에게 나누어주는 일을 잊어버리자, 교감이 각 가정을 방문해서 티켓을 나누어주도록 요구하기도 했다. 교사는 친구들과 가족들에게 어려움을 겪고 있다고 호소하고 주변 사람들의 위로를 받았지만, 결국 스스로 생을 마감했다. "한 달에 근무 외 시간만 100시간에 이르는 과중한 업무량도 힘들었지만 극성스러운 학부모가 더 문제였다. 일부 학부모들은 심야 시간에 휴대폰으로 전화를 걸어와 뭔가를 항의했고 알림장을 통해 인신공격을 하는 경우도 있었다." 학교도 적극적으로 이 신임교사를 보호하지 못했고, 결국 우울증에 의한 자살로 귀결되었다. 그의 유서에는 "무책임한 저를 용서하세요. 모두 제가 무

능력해서입니다."라고 적혀 있었다.[4]

한편, 사이타마현의 한 보육소에 다니는 유아가 보육소 활동 중 가벼운 상처를 입은 일이 있다. 부모가 보육소장에게 4개월에 걸쳐 불만을 제기하고 보육소의 대응을 비판하는 내용의 내용증명을 보내는 등으로 계속 문제를 제기하자, 이에 어려움을 겪던 보육소장이 분신자살하는 일도 일어났다.[5]

학교 홀로 해결하기 곤란한 문제

일본에서 괴물 부모 문제가 심각해지자 교육위원회에서 교사와 학부모 관계를 중심으로 학교 문제 개선을 위한 대응을 시작한다. 1998년, 도쿄도교육위원회는 교사들을 대상으로 설문조사를 했는데, 당시 공립학교 교원의 90% 정도가 학부모 등의 불합리한 요구가 반복되고 학교에서의 대응에 한계를 느낀다고 응답했다.[6] 이 조사에서 "학교만으로 해결 곤란한 문제"를 처음 정의했는데, 교육위원회는 보호자나 주민 등에 대한 대응에서 ① 불합리한 요구 등이 반복적으로 이루어지고, ② 학교에서의 대응에는 시간적·정신적으로 한계가 있는 문제를 학교만으로 해결 곤란한 문제, 다시 말해 교육위원회가 개입하여 지원할 문제로 보았다. 1999년에는 도쿄도교육위원회 산하 기구인 도쿄도교육상담센터에 「학교 문제 해결 서포터 센터」를 설치했다.

---

4 조선일보(2008.11.16.). 교사 잡는 일본 학부모 '몬스터 페어런트'.

5 中日新聞(2008.1.10). 埼玉の保育所長の自殺, 公務災害に認定 モンスターペアレント対応原因.

6 東京都教育相談センタ(2022). 学校問題解決のための手引き-保護者との対話を生かすために-.

교육상담센터는 학교와 보호자나 지역주민 간에 생긴 문제로서 학교만으로 해결이 곤란한 문제에 대해 학교, 보호자 및 지역주민의 상담에 응하는 한편, 다양한 사업을 전개하는 것을 주된 역할로 삼았다. 교육상담센터에서는 2000년 「학교 문제 해결의 길잡이」라는 제목의 책자를 펴내어 교사들이 참고할 수 있게 했다.

2020년, 교육상담센터는 '학교만으로 해결 곤란한 문제'의 정의를 수정했다. 새로운 정의는 보호자나 주민 등에 대한 대응에서 ① 학교 제도상·교육 지도상 대응이 곤란한 요구 등이 반복적으로 이루어지고 있거나, ② 학교에서의 대응에는 시간적·정신적으로 한계가 있는 문제라고 하여 둘 중 어느 하나에 해당하기만 해도 '학교만으로 해결 곤란한 문제'로 보아, 해당 문제의 범위를 확장했다.

학교 문제 해결 센터(이하 '센터'로 함)는 도내 공립학교(유치원과 보육소 포함)와 학부모, 지역주민 사이에서 발생하는 문제 중 학교 홀로 해결하기 어려운 문제에 대해 공정하고 중립적인 입장에서 조언한다. 센터는 ① 어린이에게 중요한 것을 최우선으로 생각하고 공정하고 중립적인 입장에서 상담한다, ② 카운슬러의 말을 주의 깊게 듣는다, ③ 서로의 의견과 아이디어의 공통점과 차이점에 따라 사실을 정리한다, ④ 할 수 있는 것과 없는 것을 서로 명확하게 전달한다는 원칙에 따라 상담을 제공한다.

학부모와 지역주민은 학교에 의견이나 요망이 있는 경우 먼저 학교와 상담하고, 학교의 대응이 만족스럽지 않은 경우에는, 시립학교의 경우 구 또는 시립 교육위원회에, 도립학교의 경우 도쿄 도립 학교 운영지원센터에 상담을 요청하고, 그래도 문제를 해결할 수 없는 경우 학교문제해결지원센터에 문의하는 절차를 갖추고 있다. 한편, 교사들은 학부모 또는 지역주민들과의 관계에서 어려움이 있는 경우 먼저 학교장 등 학교 경영진과 상담하고, 학교만으로 해결하기 어려운 문제에 대해 센터에서 상담을 받고 있다. 센터에는 경험이 풍부한 퇴직 교장 등이 상주하며, 이들이 학교와 학교 운영 지원 센터, 구정촌 교육위원회와 학부모 등으로부터 전화 상담을 받아 문제 해결 방법에 대해 조언한다. 그림 17은 센터의 상담 횟수와 건수의 변화를 보여준다. 2009년에는 200건 정도 상담이 이루어졌으나, 2022년에는 900건을 넘어 상담이 활발해졌음을 알 수 있다.

그런데, 학교 문제 중에는 전화 상담만으로 대응하기 어려운 경우가 있다. 이 경우에는 다음 세 가지 중 어느 하나에 따라 학교와 기타 기관에 대응한다. 첫째, 변호사, 정신과 의사 등의 전문가로부터 상담을 받은 후 센터에서 서면으로 답변하거나, 둘째, 개별 상담회에서 전문가가 상담 사례를 논의하고 학교(변호사, 정신과 의사 등)에 상담을 제공한다. 마지막으로, 전문가의 조언이 필요한 긴급한 문제를 신속하게 해결하기 위해 변호사, 정신과 의사, 심리학자, 경찰 직원 등의 전문가로 구성된 '이지메 문제 해결 지원팀'을 학교에 파견하여 조언하기도 한다.[8] 이지메 등 문제 해결 지원팀 파견은 두 가지 유형이 있다. 하나는 이지메 문제 해결 지원 팀인데, 이 팀은 이지메 문제 해결에 특화한 지원팀이다. 또 하나는 학교문제해결 지원 팀인데, 이 팀은 이지메 외에 학교 단독으로 해결하기 어려운 문제가 발생한 경우 파견한다.

7　東京都教育相談センタ(2024). 学校問題解決のための手引き－保護者との対話を生かすために－. 5면.

8　도쿄도교육위원회 학교문제해결센터 홈페이지. https://e-sodan.metro.tokyo.lg.jp/works/support.

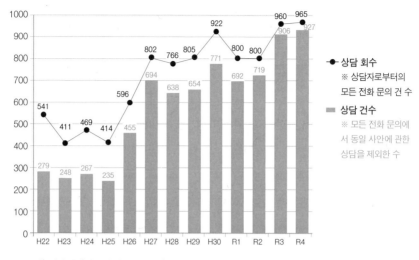

※ 2009년(5월에 개설)의 상담 건수는 204건(상담 회수는 미집계)

그림 1 학교문제해결센터 전화 상담 건수와 회수의 변화 추이

예를 들어, 아동 및 학생지도에 대한 학교의 대응에 대한 불만에서 발생한 문제, 아동과 학생 사이의 갈등에서 발생한 문제, 방과 후 또는 휴일에 학교 밖에서의 사건이나 사고로 발생한 문제, 학부모나 주변 주민 등의 학교 시설 및 설비에 관한 불만에서 발생한 문제, 기타 부모 및 지역주민이 대처에 어려움을 겪는 경우 이 팀을 학교에 파견한다.

이와 별도로 부모와 관련 당사자 모두의 요청이 있을 때, 전문가로 제3자 조직을 구성하여 해결 방안을 제시하는 경우도 있다. 먼저 양 당사자들에게서 해결 방안을 모색하고 조언을 수용하기 위해 제3자 조직을 활용하고 싶다는 동의를 얻고, 전문가들은 쌍방의 의견을 경청하

고 해결책을 논의한 후 전문가들이 해결책을 조율하고 제시한다.[9]

열린 학교 만들기 정책과 실천

일본에는 오래전부터 학교마다 사친회(Parent Teacher Association: PTA)가 있었다. PTA는 '부모와 교사의 모임'이지만, 대개 교사들은 소극적으로 임하며 학부모들이 주로 참여한다. PTA에서는 학부모들이 학교를 경제적으로, 또는 다양한 방식으로 지원한다. 이런 상황이다 보니 학부모가 학교 교육에 참여할 수 있는 길은 매우 좁았다.

일본에서 학부모들의 학교 참여가 공식화 또는 제도화하기 시작한 것은 1990년대 중반에 제안되고 2000년대 들어 본격적으로 추진된 '열린 학교 만들기(開かれた学校づくり)' 정책을 시행하면서부터라고 할 수 있다. 이 정책은 1990년대 중후반에 학교에 대한 학부모들의 불만이 심화하고, 학교의 교육력을 높이기 위해 학교 운영을 개선할 필요를 주장하는 목소리가 높아지는 상황에서 제안되었다. 1996년, 중앙교육심의회는 학교가 보호자나 지역주민에게 학교의 생각이나 교육활동 현상을 솔직하게 말하고, 학교가 그 교육활동에서 지역의 교육력을 살리고, 가정이나 지역사회의 지원을 얻을 필요가 있음을 호소했다. 이를 위해 학교의 교육정보를 지역에 제공하고 지역의 교육자원을 활용하여 열린 학교를 만들자고 제안했다.[10] 1998년 답신에서도 이와 같은 방침을 재확인했고,[11] 2003년에는 학교 교육과정 운영과 학생 지도

---

9 위의 홈페이지 참조.

10 中央教育審議会(1996). 21世紀を展望した我が国の教育の在り方について.

11 中央教育審議会(1998). 地方教育行政の在り方について.

에서 학교와 가정, 지역의 연계 추진 등 교육 네트워크 만들기의 중심적 역할을 행할 것을 요청했다.[12]

이런 배경에서 2000년에 학교평의원 제도가 도입된다. 학교평의원은 보호자와 지역주민이 학교 경영에 참여할 수 있는 첫 제도로서의 의미를 지닌다. 학교 운영에 관하여 보호자나 지역주민의 의사를 파악하고 반영하면서 협력을 얻고, 학교는 그들에게 설명 책임을 지게 하는 제도다. 학교 설치자가 정하는 바에 따라 학교나 지역 실정에 따라 학교평의원을 둘 수 있고, 평의원은 교장의 요청에 따라 학교 운영에 관하여 의견을 낼 수 있게 했다. 평의원은 해당 학교 교직원이 아닌 사람 중에서 교육에 대한 이해와 의견을 갖춘 사람을 교장이 추천하여 학교 설치자가 위촉한다.[13] 학교평의원 제도는 임의적으로 둘 수 있도록 했지만, 보호자와 주민의 학교 참여를 처음 제도화한 것이라는 의미가 있다.

2017년부터는 학교평의원 제도를 한층 발전시킨 학교 운영협의회 제도를 운영하고 있다. 이 제도는 학교와 지역주민이 힘을 모아 학교를 운영해가고자 하는 취지로 '지역과 함께 있는 학교' 만들기를 지향한다. 학교 운영에서 지역의 목소리를 적극적으로 살리고, 지역과 학교가 하나가 되어 특색있는 학교 만들기를 추진한다. 학교 운영협의회는 보호자 대표와 지역주민, 지역학교협동활동추진원 등으로 구성되며, 교장이 작성한 학교 운영 기본 방침을 승인하고 학교 운영에 관한 의견을 교육위원회 또는 교장에게 진술하고, 교직원 임용에 관해

12 中央教育審議会(2003). 初等中等教育における当面の教育課程及び指導の充実·改善方策.

13 https://www.mext.go.jp/component/a_menu/education/detail/__icsFiles/afield-file/2010/04/06/1230703_001.pdf

교육위원회에 의견을 낼 수 있다.

한편, 열린 학교 만들기는 정부 주도의 정책 차원과는 별도로 개별 학교에서, 또는 아래로부터 자발적으로 일어나는 실천 차원에서도 존재한다는 사실에 주목할 필요가 있다. 학교평의원 제도와 학교 운영 협의회가 정책 차원이라면, 삼자협의회(三者協議会) 또는 사자협의회(四者協議会)는 실천 차원의 조직이다. 삼자협의회는 학생, 학부모, 교사가 학교 운영에 참여하는 조직이고, 사자협의회는 삼자 외에 지역주민들까지 학교 운영에 참여하는 조직이다. 삼자(사자)협의회는 학교 운영 과정에서 불거지는 다양한 주제에 관하여 당사자들이 협의하면서 의견을 모으고 이를 학교 운영에 반영하는 조직이다. 특히 주목할 점은 주로 대학교수로 이루어진 열린 학교 만들기 운동을 지원하는 전문가 그룹이 존재한다는 사실이다.[14] 이들이 주도하여 매년 열린 학교 만들기 전국 집회를 조직하여[15] 각 학교의 사례를 널리 공유하며, 10년 단위로 운동 성과를 집성하고 있다.[16]

도쿄대학중등교육학교에서 삼자협의회를 운영한 사례를 소개한다. 이 학교는 6년제 학교로, 학생과 학부모, 교사가 학교 운영에 관한 다양한 주제를 협의하면서 학교 운영에 반영한다. <표 1>[17]은 이 학교 삼자협의회의 운영 개요를 정리한 것이다.

---

14 우라노 도요이치(浦野東洋一) 전 도쿄대학 대학원 교수와 그의 후학들이 주도한다.

15 2024년 11월 23일 제23회 열린 학교 만들기 전국 교류 집회를 가와사키시에서 개최했다.

16 2010년 「開かれた学校づくりの実践と理論(열린 학교 만들기의 실천과 이론)」을, 2021년에 「開かれた学校づくりの実践と研究(열린 학교 만들기의 실천과 연구)」를 펴냈다.

17 https://www.hs.p.u-tokyo.ac.jp/wp-content/uploads/2014/10/triangle.pdf.

〈표 1〉 도쿄대학중등교육학교 삼자협의회 토론 주제 내역(2000~2021)

연도	개최횟수	주제
2000	3	교복, 부활동 운영
2001	4	열린 학교 만들기 선언, 회칙 작성, 부활동 운영
2002	3	중등교육학교에 대해, 토요일을 어떻게 보낼까?
2003	3	동대부속학교에서 길러야 하는 힘, 알기 쉬운 수업, 학교미화
2004	3	학교행사(체육제, 은행제, 숙박행사), 동대부속학교에서 길러야 하는 힘
2005	3	'배움의 공동체'란? 학생들의 교칙과 학교생활의 다양한 문제
2006	3	동대부속학교의 매력을 생각한다, 휴대전화와 인터넷 사용, 가정학습에 충실하기 위하여
2007	3	통학을 생각한다, 점심 도시락
2008	3	인터넷으로부터의 불안을 해소하기 위해 협력할 수 있는 것
2009	3	학생들끼리의 배움의 가능성
2010	3	식사 시간과 양, 봉사활동을 생각한다
2011	2	부활동에 대해
2012	2	시간 관리
2013	2	학교 교풍을 생각한다 - 자유와 주체성을 각자 입장에서 생각한다
2014	1	동대부속학교의 매력
2015	2	자치에 대한 의견, 일상에서 방재의식을 높일 수 있도록
2016	1	체육제를 어떻게 할까
2017	2	은행제를 어떻게 할까
2018	2	수업시간 외의 충실, 휴대전화, 스마트폰, 태블릿 사용에 대해
2019	2	교복, 부활동
2020	2	동대부속학교에서 학교생활에 대해
2021	2	코로나 19 상황에서의 과외활동, 코로나 이후 학교 만들기

삼자 협의회 또는 (지역사회가 포함되는) 사자 협의회는 학부모와 교사가 만나서 학교 운영에 관하여 다양한 의견을 나누는 중요한 장이 되고 있다.

오노다 마사토시 교수의 활동

일본의 학부모와 교사 관계에서 특이한 점은 한 대학교수가 개인적으로 시작한 일이 전국에 상당한 파급 효과를 발휘했다는 사실이다. 오노다 마사토시 전 오사카 대학 교수는 2000년대 초부터 교사와 학부모 관계가 악화하는 현상에 주목하고 어떤 경위로 문제가 심각해졌는가, 양자 간 양호한 관계를 만들어내기 위한 방책은 무엇인가라는 질문을 했다.[18] 그는 교육학자와 정신의학자, 변호사, 카운슬러, 사회복지 인력, 불만 대응 전문가 등으로 '부모-보호자 관계 연구회'를 조직하고, 일본 각지를 순회하면서 강연하고 워크숍을 조직했다.[19]

2005년 시가현 학교 지원 네트(school support net) 연구회에서 오노다 교수에게 교사-학부모 간 관계 개선을 위한 연수회를 진행해줄 것을 의뢰했고, 오노다 교수는 강연보다는 역할극을 활용한 프로그램을 진행했다. 당시 연수회에는 80명의 교직원과 학교 상담사가 참여했는데, 오노다 교수는 교사-학부모 관계에 관한 10개 사례를 배부하고, 6명으로 분임을 조직하여 교사 쪽 2명, 학부모 쪽 2명, 기록 2명

---

18 2023년 서이초 교사 사건으로 교사와 학부모 관계가 사회문제가 되자 오노다 마사토시 교사는 국내 한 언론사와 인터뷰했다. 경향신문(2023. 8. 2). 교사 학부모 갈등 연구 38년 … 오노다 교수 "새로운 제도보다 사회적 합의가 중요."

19 小野田 正利(2011). モンスターペアレント論を超えて— 保護者の思いと背景を読み取る. 日本小児看護学会誌, 20(3). 97-102.

으로 역할을 나누고 한 가지 사례를 선정하여 8분 동안 역할극을 하게 했다. 이와 같은 방식으로 몇몇 사례를 다룬 후, 전체적으로 성찰 모임을 진행했다. 이 워크숍은 당시 참가자들에게 호평을 받았고, 이 사실이 알려진 후 오노다 교수는 일본 각지를 다니며 유사한 워크숍 프로그램을 진행했다.[20]

오노다 교수가 진행한 워크숍에서 다룬 사례 일부를 소개한다.

❶ 소풍 갔다 온 버스 안에서의 사건

학생 A가 버스에서 멀미로 토했다. 에티켓 봉투를 준비하도록 사전에 주의를 주었지만 A는 봉투를 미처 준비하지 못했고, A군 앞에 앉아 있던 B군의 머리와 옷을 가리지 않고 토사물이 튀었다. 학교로 돌아온 후 A군 부모에게 전화로 연락했고, A군 아버지가 즉시 학교에 와서 "그때 담임은 뭘 하고 있었는가?", "직무 태만이 아닌가?"라며 담임을 비난했다. B군에게는 전혀 사과하지 않았다.

❷ 지갑 도난 관련 사건

"우리 아이 마사토는 친구로부터 저렴한 가격에 지갑을 샀습니다. 그런데 그 지갑은 같은 반 친구가 훔친 물건이고, 훔친 학생과 함께 지도를 받았습니다. 우리 아이는 훔치지 않았고, 도난품인 줄도 몰랐는데, 왜 같은 대우를 받는지 납득할 수 없고, 지갑을 돌려줄 필요도 느끼지 않습니다. 마음이 진정되지 않아서, 지도를 한 담임에게 한마디 하고 싶습니다."라고 학부모가 교사에게 말했다.

---

20 小野田 正利(2008). 学校と保護者の良好な関係性構築のための ワークショップ実践. 日本教育経営学会紀要, 50. 82-90.

이런 사례를 소재로 삼아 〈표 2〉[21]와 같은 흐름으로 워크숍을 진행했다. 〈표 2〉는 한 시에서 진행한 7시간 워크숍의 개요를 정리한 것이다. 이 워크숍은 오노다 마사토시 교수와 후루카와 교수, 그리고 당해 시 고등학교 교사인 나카오 선생 등 세 명이 진행했다. 후루카와 교수는 오노다 교수와 같은 학회 회원이었다.

〈표 2〉 오노다 마사토시 교수의 워크숍 진행 개요

시간	일정 내용
08:45	스탭 미팅
09:00	접수
09:30	주최자 인사
09:35	개요 설명: 강의 I 이챠몬[22] 현상과 그 사회적 배경(오노다 마사토시)
10:20	반 나누기(4~6명씩) → 이동(나카오 - 고등학교 교사)
10:25	휴식 10분
10:35	아이스 브레이크: 워크숍 A [아이챠몬 백화요란] (나카오)
11:15	워크숍 B-1 롤플레이 "사례: 앨범" (각 반에서) (나카오)
12:00	점심 휴식 60분
13:00	워크숍 B-2 롤플레이 "사례: 지갑"(대표팀에서) → 학교 측 대응(좋았던 점, 개선 제안) KJ법으로 검토(각 반에서)
13:30	강의 II 보호자 대응의 포인트(후루카와 - 대학교수)
14:05	휴식 10분
14:15	워크숍 C-1 연수 준비 체험-롤플레이 사례 작성(나카오)

---

21 小野田 正利(2008). 学校と保護者の良好な関係性構築のための ワークショ ップ実践. 日本教育経営学会紀要, 50. 88면.

22 '이유 없이 트집을 잡는다'는 뜻의 일본어 속어.

14:40	휴식 15분
14:55	워크숍 C-2 연수 리더 체험-다른 반에서 롤플레이 지도(나카오)
15:55	강의 III: 요약 아이들을 위해 손을 잡고 (아이챠몬 배경을 읽고 이해, 보호자와 파트너로)(오노다 마사토시)
16:25	주최자 인사

오노다 교수의 워크숍 프로그램은 각자가 교사와 학부모의 입장이 되어 실제로 일어났고 일어날 수 있는 사건을 소재로 '그런 불합리한 요구를 받을 때'를 상정하여 어떻게 대응할 것인가, 다른 입장에서는 왜 그런 요구를 했을까 생각해 보는 과정에서 역지사지의 지혜를 얻을 수 있다는 효과를 기록하고 있다. 일반적으로 어떤 직업에 종사하는 사람이 자신의 존재에 구속되어 편협한 시각을 갖게 될 수 있고, 이 점에서는 교사도 마찬가지다. 오노다 교수의 워크숍 프로그램은 교사들이 학부모의 입장이 되고 학부모는 교사의 입장이 되어 동일한 사안을 다른 시각에서 살펴봄으로써 학교와 밀접한 관계가 있는 보호자나 지역과 양호한 관계를 구축할 수 있는 역량을, 부모 입장에서는 교사와 학교교육을 더 깊이 이해할 수 있는 토대를 구축할 수 있다.

일본 사례에서 무엇을 배울까

일본은 한국보다 일찍 '괴물 부모'를 경험했다. 일본 교사들 역시 상당한 어려움을 겪었고, 지금도 많은 교사가 학부모와의 소송에 대비하여 보험에 가입하는 등 개인적으로 대응하고 있다. 그렇지만, 학부모로 인한 문제 가운데 교사와 학교 홀로 대응하기 어려운 문제에 대해서는 교육위원회 차원에서 문제 해결을 조력하는 체제를 갖추고 있다. 각 도도부현 교육위원회에 따라 조직의 명칭은 다르지만, 도쿄도의 경우 '학교 문제 해결 센터'를 설치하고 전문가를 위촉하여 학부모와 교사들과 상담하고, 그들의 갈등을 조정한다. 학부모와 교사가 모두 합의하면 제3의 전문가들을 활용하여 갈등을 조정하기도 하고, 전문가로 구성된 갈등 조정팀을 학교에 파견하여 문제를 직접 해결하기도 한다. 서이초 교사 사건 이후 서울시교육청의 몇몇 교육지원청을 중심으로 이와 비슷한 체제를 갖추어가고 있는데, 이런 노력을 더 활발하게 전개할 필요가 있다.

한국과 일본 사이에 중요한 차이도 보인다. 한국에서는 학부모들의 '악성 민원' 문제가 심각한 사회문제로 제기되자 학부모가 학교 방문을 어렵게 하고, 학부모와 교사가 만날 기회를 가급적 줄이는 방향에서 대책을 강구하고 있다. 사실 2010년대 들어 여러 시·도교육청에서 학부모들이 학교교육에 참여할 수 있도록 조례를 제정하거나 학부모 정책을 활발하게 펼쳤다. 여러 학교에서 학부모들이 학교교육을 개선하는 새로운 에너지를 공급하는 경우도 나타났다. '학교를 공동체로'라는 이상이 곧 실현될 수 있을 듯했다. 그런데 이런 흐름이 순식간에 사라져버린 것이 현실이다.

반면, 일본에서는 '괴물 부모' 논란에도 불구하고 학부모들이 학교교육의 한 주체로서 학교교육에 참여할 수 있는 통로를 계속 확대해오고 있다. 학교평의원 제도나 학교 운영협의회는 그 과정에서 창설되었다. 일본에서 학부모의 학교 참여가 매우 활발하다고 평가하기는 이르지만, 학부모의 학교 참여를 확대하고자 하는 정책을 일관되게 지속적으로 추진해오고 있다는 사실은 평가할 만하다.

　더 중요한 것은 아래로부터 '열린 학교 만들기'를 실천하는 흐름이 있고, 이것이 학교교육을 바꾸어가고 있다는 사실이다. '학교를 바꾸는 일'이 반드시 정부나 정책에 의존할 필요는 없다. 학교 자체적으로 할 수 있는 일도 적지 않다. 일본의 여러 학교에서 '3자 협의회'나 '4자 협의회'를 통하여 학생과 학부모, 교사와 지역주민이 머리를 맞대고 학교와 지역을 논의하고 있다. 이런 활동을 통해 학부모와 교사가 진정으로 협력하면서 '지역과 함께 있는 학교'를 만들고 있다.

3부

어디로 가야 하는가?

7장

거래적 관계에서 교육적 관계로

교사와 학부모의 상호 이해와 인식의 격차를 좁히기 위한 정책 재설계

  이 책의 저자들은 서이초 사건 이후 교사와 학부모의 상호 인식의 격차를 줄이는 것을 문제 해결의 출발점으로 삼고 교원-학부모 관계에 대한 인식에 관한 연구를 한 바 있다.[1] 이 연구를 통해 교사와 학부모는 학생 생활지도가 민원의 주요 요인이 되고 있다는 점에는 인식을 같이하지만, 학생의 생활 태도 개선도, 교사의 책임 및 권한, 학부모의 바람직한 학교 참여, 가정의 협조, 학교의 보육 기능 강화 필요성 등에서 인식 차이가 드러남을 확인했다. 교사와 학부모 관계에 어려움을 느끼는 것은 교사들이 높게 나타났고, 특히 초등교원의 경우 그 차이가 심각한 수준임을 알 수 있다.

---

1 김용 외(2023). 학교교육 당사자 간 관계의 변화 및 대응에 대한 정책·입법 분석. 서울시교육교육정책연구소 위탁연구보고서 2023-80.

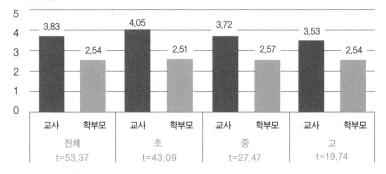

(5점 만점)

그림7-1 교사-학부모 관계의 어려움 인식 출처: 김용 외(2023)

이런 인식의 격차를 줄이려면 학부모와 교사가 서로의 입장에서 바라볼 수 있게 하는 교사-학부모 관계 개선 프로그램을 도입해야 한다. 오노다 마사토시 교수는 '학교와 보호자의 양호한 관계성 구축을 위한 워크숍'을 운영했다. 일본의 많은 학교에서 보호자 대응 문제가 긴급한 과제가 되는 상황에서 강의식 연수로는 학교의 학부모 대응력을 기르기 어렵다고 판단한 것이다. 학교 주체들이 문제 상황에 대한 역할 연기를 통한 상대의 마음을 이해하도록 하는 역할극을 통해 역지사지(易地思之)에 의한 문제 해결 프로그램을 계발하여 운영한 것이다.[2] 우리나라에서도 좋은교사운동을 중심으로 참교육을위한전국학부모회, 청소년인권모임 내다, 평화비추는숲, 회복적정의평화배움연구소 에듀피스 5개 단체가 교육공동체 회복 대화 모임을 운영하고 매뉴얼을 제작 배포했다.[3]

---

[2] 김용 외(2024). 지속가능한 교육공동체로 변화를 위한 학부모의 학교 참여 제도화 연구. 서울특별시교육청 연구보고서. 84-92.

[3] 좋은교사운동 보도자료(2024.5.13.). 3주체의 단절된 관계를 다시 연결하는 '교육공동체

하지만 교사와 학부모의 관계 개선은 서로의 입장을 이해하는 것만으로 기대할 수 없다. 우선 학교에서 학부모에게 학교 운영과 교육과정 등에 대한 정보를 충분히 제공하고 학부모교육을 강화해야 한다. 교사와 학부모의 의사소통을 통한 지속적인 정보교환과 상호협력의 긍정적인 관계는 학습자의 교육적 성취에 큰 영향을 주며, 의사소통이 긍정적일수록 학급 분위기와 학생의 학교 적응, 학생의 학업성적과 학부모의 교육 만족도, 교사의 교수 맥락과 교사의 직무만족도, 그리고 학부모와 교사의 관계에 긍정적인 영향을 준다.[4]

서울시교육청은 2024년 전국 최초로 초등학교 신입생 학부모 전원을 대상으로 입학 전 준비사항, 1학년 교육과정, 학교생활 안내, 늘봄학교 등 교육정책 등을 포함한 〈초등 새내기 학부모 길라잡이〉를 제공했다. 교사와 학부모의 관계가 멀어지고 동상이몽(同床異夢)을 넘어 오월동주(吳越同舟)의 관계가 되는 동안 상호 이해를 넓히고 일상적인 소통이 이루어지게 하는 정책은 사실상 없다시피 했다. 정부 차원의 교권보호 대책과 수많은 법 개정에도 불구하고 '분리'와 '엄벌'을 강조하고 '거리 두기'에 초점을 둔 정책은 한계가 명확히 드러났다. 학부모의 교육권과 다른 당사자의 교육권과의 관계는 대립을 지양하고, 아동의 교육받을 권리를 중심으로 하여 학부모와 교원은 그의 권리를 충족시킬 의무가 있다는 관점에서 정책을 재설계해야 한다.[5]

교사가 학부모를 대하기 어렵게 느끼는 현실에서 미국의 가정-학

회복 대화 모임' 메뉴얼 배포

4 노한나(2012). 교사와 학부모 간에 이루어지는 의사소통과 학생들의 학업성취 및 학급활동과의 관계. 석사학위논문. 창원대학교.

5 김기수(2024). 학부모의 시각으로 본 서이초 사건과 교육 현실. 교육비평, 55. 50-84.

교 파트너십을 위한 이중역량강화 프레임워크(Dual Capacity-Building Framework for Family-School Partnerships)는 주목할 프로그램이다. 2013년 사우스웨스트 교육개발원은 미국교육부와 연계하여 〈교육 파트너: 가정-학교 파트너십을 위한 이중역량강화 프레임워크〉를 내놓았고, 그 후 카렌 맵(Karen Mapp)과 폴 커트너(Paul Kuttner)가 전문가들과 협력 연구를 통해 2019년에 이를 개정했다. 이중역량강화 프레임워크는 가정과 학교, 즉 학부모와 교원의 역량이 함께 성장해야 한다는 것을 기본 전제로 한다. 우리의 경우 학부모 교육을 통해 학부모의 인식 개선과 역량 강화에 역점을 두는 경향이 있으나, 교원의 인식 개선과 역량 강화도 똑같이 중요하다. 학부모와 교원의 역량을 개발할 때 이들이 겪는 어려움을 파악하고 인정하는 데서 출발한다. 현실에서 부딪치는 문제를 정확하게 진단하고, 어떤 조건이나 상황 때문에 그런 문제가 발생하고 지속되는지 파악하는 것이 중요하다. 학부모와 교원이 길러야 할 역량을 명확하게 설정하고 그것을 공동 목표로 추구할 필요가 있다. 이 프로그램의 목표는 4C 능력(Capabilities, 기술+지식), 연결(Connections, 네트워크), 인지(Cognition, 신념과 가치의 변화), 확신(Confidence, 자기효능감)을 교원과 학부모가 공통으로 갖추어야 할 역량으로 설정하고, 교원과 학부모 모두 공통 역량을 기반으로 상호 협력해야 함을 강조하는 것이다. 교원교육(양성과정＋현직교육)에서 교원과 학부모 관계에 필요한 능력, 자신감 등을 기르는 프로그램과 학부모 교육에서도 교원과의 협력과 학부모 역할 수행을 위한 프로그램을 운영해야 한다.

〈표7-1〉 가정-학교 파트너십을 위한 이중역량강화 프레임워크

도전	필수 상황조건	정책 및 프로그램 목표	역량 성과	
교육자 ■ 가정의 교육 참여에 대한 탁월한 사례를 경험하지 못함 ■ 최소한의 연수만 받음 ■ 가정-학교 파트너십을 교사의 핵심 역할이라 보지 않을 수 있음 ■ 부정적인 사고 방식을 키웠을 수 있음	**과정 조건** ■ 관계적: 상호신뢰에 기초함 ■ 학습과 발달에 연결되어 있음 ■ 자신을 기초로 함 ■ 문화적으로 예민하고 존중함 ■ 협력적임 ■ 상호작용함	4C 영역에서 교육자와 가정의 역량을 개발·강화 ■ 능력(기술+지식) ■ 연결(네트워크) ■ 인지(신념과 가치의 변화) ■ 확신(자기효능감)	**교육자는 다음 권한을 부여받음** ■ 가족의 교육 참여를 학습과 발달로 연결하는 ■ 공동 창조자로 가족과 결속하는 ■ 가족이 보유한 지식의 가치를 존중하는 ■ 환대의 문화를 만드는	학생과 학교의 발전을 지원하는 효과적인 파트너십
가정 ■ 가정의 교육 참여에 대한 탁월한 사례를 경험하지 못함 ■ 학교 및 교육자들과 부정적인 경험을 한 적이 있음 ■ 자녀 교육에 기여하도록 초대받지 못했다는 느낌을 받을 수 있음 ■ 존중받지 못하고, 들어주지 않고, 하찮게 여겨지고 있다고 느낄 수 있음	**조직 조건** ■ 시스템적: 리더십이 조직을 관통함 ■ 통합적: 조직의 모든 전략에 배어있음 ■ 지속적: 자원과 인프라를 제공함		**가정은 다양한 역할에 참여함** ■ 공동 창조자 ■ 모니터 요원 ■ 후원자 ■ 옹호자 ■ 응원자 ■ 롤모델	

출처: 김용 외(2024). 지속가능한 교육공동체로 변화를 위한 학부모의 학교 참여 제도화 연구 용역 p.96. 서울특별시 교육청

한국의 경우 교대·사대의 교육과정과 교육실습 프로그램에서 학부모 관련 강좌나 활동을 거의 찾아보기 어려운 것은 시급히 해결해야할 과제다. 교원과 학부모가 역량을 발휘할 때, 교원이 부여받는 권한과 학부모가 참여하는 역할을 서로 인식하고 인정하는 것이 중요하다. 학부모는 교원의 전문성을 인정하고, 교원은 학부모의 참여를 환영해야 한다.[6] 또한 교사의 교육과정 구성권과 평가권, 생활지도에 관한 권한을 보장하고 학부모가 학교 운영과 교육에 관해 의견을 개진할 수 있는 방안을 마련해야 한다. 상호 이해를 넘어 상대방의 역할을 인정하고 존중하는 데서 상호 신뢰와 협력 관계가 형성된다. 수업과 학급 운영, 평가에 관한 교사의 전문성을 보장하고 무분별한 민원의 대상이 되지 않게 하는 제도적 장치도 마련해야 한다. 교사가 교육활동에서 적극적인 아이디어를 내고 실천하여 역량을 발휘할 수 있게하는 여건을 마련하고 학부모가 존중하고 협력하면 교육적 효과는 높아질 것이다.

교사-학부모 갈등의 주요 요인에 대한 체계적인 분석과 대책 마련

교사의 생활지도와 학교폭력 처리, 교수 학습 방식과 학급 운영, 분리제도 운영 등과 관련하여 학부모의 요구와 문제 제기가 갈등의 주요 요인으로 작용하지만 이와 관련한 제도적 기반은 마련되지 않고 필요한 법적 정비도 이루어지지 않고 있다. 특히 학교폭력 대책으로 도입된 생활기록부 기재가 대학 진학에 지대한 영향을 미치게 되면

---

6 김용 외(2024). 지속가능한 교육공동체로 변화를 위한 학부모의 학교 참여 제도화 연구. 서울특별시교육청 연구보고서. 94-98 재구성.

서, 학교폭력 사안의 처리 과정에서 학교와 교사의 역할과 처분에 대한 학부모의 불만과 불신이 주요한 갈등 요인이 되고 있다.

〈표7-3〉 학부모의 악성 민원 제기   내용단위: 사례 수(%)

1+2순위	전체	초	중	고
학교(학급) 운영	964	536	236	192
	(23.58)	(24.75)	(21.03)	(24.00)
수업 방식	72	33	25	14
	(1.76)	(1.52)	(2.23)	(1.75)
평가 방식	150	29	51	70
	(3.67)	(1.34)	(4.55)	(8.75)
평가 결과 (생활기록부 내용 포함)	250	53	76	121
	(6.12)	(2.45)	(6.77)	(15.13)
학생 생활지도	1,753	962	492	299
	(42.88)	(44.41)	(43.85)	(37.38)
학교 안전사고 책임	598	382	157	59
	(14.63)	(17.64)	(13.99)	(7.38)
기타	301	171	85	45
	(7.36)	(7.89)	(7.58)	(5.63)
소계	4,088	2,166	1,122	800
	(100.00)	(100.00)	(100.00)	(100.00)

출처: 김용 외(2023)

학교폭력 사안 처리 방식과 관련하여 학부모는 교사가 중재하려는 노력도 없이 학폭으로 접수하라고 하거나 교사가 학생 간에 중재나 화해를 시도하면 어느 한쪽 편을 든다는 불만을 제기한다. 하지만 학교폭력예방법에 교사의 중재와 개입에 관한 권한이 명확하지 않아 교사의 역할은 제한될 수밖에 없다. 교육부 통계에서 2022년 발생한 총 62,052건의 학교폭력 사안 중 약 60%인 38,450건이 학교장 자체 해결로 종결되었다. 학교폭력심의회에 회부된 사안 중에 학교의 중재나 개입에 의해 해결될 수 있는 사건도 학부모의 민원을 두려워하거나 학부모의 부동의로 회부되는 경우가 적지 않다. 교사와 학부모가 학교폭력과 관련하여 부정적인 관계가 형성되는 문제를 해결하기 위해 학교폭력 사안 처리 사례 분석과 매뉴얼을 마련하고 학교와 교사의 중재와 개입이 원활히 이루어지게 하는 실효성 있는 제도개선이 이루어져야 한다.

이와 관련하여 서울시교육청 북부교육지원청의 '관계가꿈 학부모지원단'[7]은 주목할 만한 사례다. 이 지원단은 학교폭력중재기구에서 학교폭력 신고가 학폭위에 회부되기 전에 가해자와 피해자 양측을 화해하고 조정한다. 지원단은 서울학부모지원센터의 학부모리더교육 관계가꿈 길잡이 수료생 중 학교폭력예방 및 회복적 갈등 조정 활동에 관심 있는 관내 학부모를 선발하여 '관계가꿈' 연수를 지원하고, 이 중 20여 명을 중재위원으로 위촉하여 구성했다. 학교폭력으로 인한 갈등 상황에서 관계조정 및 중재 컨설팅 지원 활동을 했고, 2023년 11월부터 「관계가꿈 학부모지원단」 운영을 통한 학교폭력 사안 관계 조정을 시

---

7 박용필(2024.8.8.). "학부모를 말릴 수 있는 건 학부모"…학폭갈등 해결, 엄마들이 나섰다. 경향신문.

도한 결과 2024년 7월까지 총 27건(초등 13건, 중등 14건) 중 22건의 관계 조정에 성공하여 학교장 자체 해결 또는 심의 취소라는 성과를 거두었다. 이 중에서 10건은 학부모 갈등으로 비화하여 갈등이 심화한 사안이었다.

학교폭력만큼 교사들이 학생생활지도에서 힘들어하는 것이 정서 위기 학생과 관련한 것이다. 유형으로는 ADHD가 78.6%, 반항 52.6%, 품행장애 50.5% 등이며, 행동 문제로는 신체적 공격, 욕설과 폭언, 교실 이탈 순으로 나타났다.[8] 초등 교사 84.1%는 정서 위기 학생으로 교육활동 침해를 겪은 적이 있다고 답했다. 정서 위기 학생 보호자가 교육활동을 침해하거나 악성 민원을 제기한 경우를 경험한 비율도 54.8%에 이른다.[9] 정서 위기 학생이 갈수록 늘고 있는데, 이를 해결하기 위한 시스템이 구축되지 않으면서 교사의 교권 침해로까지 비화되는 것이다. 정서 위기 학생은 자해, 자살 위험 및 학교폭력과 교육활동 침해 및 그에 따른 분리 대상 학생이 될 가능성도 대단히 높은 학생들이다. 자해 관련 위기관리위원회는 2022년 3,686건, 2023년 4,762건, 2024년 8월 말 기준 3,442건이 열렸다. 2022년 기준으로 2023년에는 29%, 2024학년도에는 약 86.7%까지 급증할 것으로 추정한다. 하지만 가정이 불우하다는 이유로 학생이 자해를 시도하더라도 보호자가 동의하지 않으면 제대로 된 검사조차 할 수 없는 실정이다. 학교와 교육청이 우선 지원할 수 있는 법적 근거가 시급히 마련되어야 한다.[10]

---

8 좋은교사모임 보도자료(2022.11.23). 정서행동 위기학생 문제 해법 모색 2차 토론회 결과
9 연합뉴스(2024.6.26.). 초등교사 10명 중 8명 이상 "정서 위기 학생 때문에 교육 방해"
10 좋은교사운동(2024.10.21.). 성명서. 최근 3년 자해 관련 위기관리위원회 개최 실태 발표

수업 시간에 돌아다니는 등의 행동을 하는 ADHD로 진료를 받은 소아 청소년이 5년 사이 70% 넘게 증가했지만, 최근 5년간 정서행동위기 관심군으로 진단되고도 2차 기관으로 연계되지 않은 학생의 비율은 연평균 27.3%, 4만 3천여 명에 이르는 것으로 나타났다. 2차 연계가 되지 않은 관심군 학생의 80% 이상은 학부모의 거부가 원인이었다. 하지만 초등학교의 상담교사 배치율은 26.8%, 학생 수가 가장 많은 경기도와 서울 지역의 배치율도 30% 수준에 그쳤으며, 위(Wee)클래스가 설치되지 않은 초등학교는 40%가 넘었다.[11]

특수교육 대상자의 수요에 비해 턱없이 부족한 특수학교와 특수학급에 특수교사가 오롯이 통합교육 관련 업무까지 담당해야 하는 현실도 문제다. 2023년 7월에 서울시 양천구 소재 초등학교에서 분노 조절 장애로 특수교육을 받고 있는 초등학교 6학년 학생이 담임 교사를 폭행해 전치 2주 상해를 입힌 사건이 발생했다. 서이초 사건과 맞물려 교권 침해의 실상을 보여주는 사건으로 언론에서 대대적으로 다루었지만, 이러한 정서행동장애 학생에 의한 교권 침해 문제를 해결하는 데 적합한 체계적인 시스템을 마련하는 것으로 나아가지 못했다.

한 유명 웹툰 작가가 특수학급 교사를 아동학대범죄의 처벌 등에 관한 특례법 및 장애인복지법 위반 등의 혐의로 고소하여 법정 공방이 벌어지고 있지만, 이러한 사건의 발생 요인인 열악한 특수교육 현장을 개선하기 위한 대책은 마련되지 않고 있다. 서이초 사건 1주년이 지난 시점인 2024년 10월 24일, 4년 차 저경력 교사인 특수교사 A씨가 스스로 생을 마감하는 안타까운 일이 벌어졌다. 이 교사는 중증

---

11 국회의원 강득구(2023). 정서행동위기 관심군 학생, 10명 중 3명꼴 방치…전문상담교사 배치율은 46퍼센트에 그쳐

장애 학생 4명을 포함해 특수교육 대상이 8명인 과밀 특수학급(특수교육법상 법정 정원 6명)에서 종일 중증학생을 돌보면서 매주 29시간 수업을 담당하고 있었다. 이러한 열악한 업무환경 속에 학생 지도 과정에서 일부 학부모의 무리한 민원까지 감당했지만 학교 측은 그 책임을 고인에게 전가했다고 특수교육계는 밝혔다.[12] 교권보호 대책으로 많은 법률이 개정되었지만 현행 법조차도 지켜지지 않는 열악한 교육환경에서 교사들이 학부모의 민원까지 감당하면서 극단적인 선택으로 내몰리고 있는 현실은 별반 달라지지 않고 있다.

교육통계서비스(2024)에 따르면 유·초·중등학교 전체 학생 수는 5,671,098명이고 특수학교 학생 수는 29,974명으로, 전체 학생 수가 줄어드는 가운데서도 특수학생은 계속 늘어나는 추세다. 2015년 국립특수교육원에 따르면 우리나라 특수교육대상자는 전체 학생의 1.3%이지만 미국은 7%, 덴마크는 13%, 핀란드는 17%이며 경제협력개발기구(OECD) 국가 평균은 약 6%다. 우리나라의 특수교육 대상 학생 비율이 현저하게 낮은 이유는 특수교육이 필요함에도 특수교육을 받지 못하는 학생이 많기 때문이다.[13] 특수교육 대상 학생과 ADHD 학생, 난독이나 경계선 지능으로 학습 장애가 있는 학생들이 일반적인 교육활동에 적응하기 어려운 구조적 요인을 해결하지 않은 상태에서 교권 침해와 문제 학생 분리 차원의 대응을 하는 것은 적절하지 않다. 외국의 경우 특수교사와 보조 인력, 자원봉사 인력 등이 통합교실에 배치되어 우발적인 행위에 대처할 수 있는 시스템이 구축되어 있지만, 우리의 경우에는 이와 같은 인력을 필수 인력으로 설정하지 않고

---

12 한국일보(2024.10.30). 특수교사 사망… "중증학생 많은 과밀학급서 과중한 업무"
13 박남기(2023).

있다. 모든 학생의 학습권 보장 차원에서 필요한 상황에 맞는 필요한 인력을 필수 인력으로 규정하는 제도적 장치가 마련되어야 할 것이다.

과잉행동장애 등 특별한 필요가 있는 학생들에 대한 효과적 진단-상담-지원 체계를 구축해야 하며, 학교 단위를 넘어 교육청 차원의 예산, 조직, 인력 등에 대한 적극 투자가 요청된다. 또한 이와 관련한 다중적 전문가 커뮤니티(multiple professional community)가 구축될 필요가 있으며, 학교 내 관련 위원회를 설치 운영하고 지역사회와의 연계를 통해 실제적인 지원과 치료가 가능한 체제를 마련해야 한다.[14] 서울시 남부교육지원청 학교통합지원센터에서 2023년부터 「교실 위기 대응 지원」을 위한 긴급동행봉사자[15] 운영 방안을 마련하여 추진하고 있다. 2023년 봉사자 7명이 9교(초 6교, 중 2교, 고 1교)에서 291시간을 지원한 결과 사업 만족도가 100%에 이르러 2024년에는 18명이 22교에서 1,400시간을 지원하는 것으로 확대되었다. 또한 늘봄학교 시행에 맞추어 학생맞춤통합지원 활동가[16] 27명을 25개 학교(초등학교 24교, 고등학교 1교)에 배치해 주의력 결핍, 과잉행동장애 등 정서 위기 학생을 지원하는 사업을 시행하고 있다.

교육지원청에서 관련 센터를 구성하여 학교 문제 해결을 지원하기 위해서는 문제해결 역량을 갖춘 전문가를 충분히 확보하는 일이 중요하다. 지역교권보호위원회를 운영하고자 해도 상담 전화를 응대할 수

---

14 서현수 외(2023). 세종 MZ 교사 숙의포럼 실행 연구 보고서. 세종교육연구소.

15 서울시교육청 남부교육지원청 학교통합지원센터의 위기 지원 특화사업. 교실에서 지속적으로 위험한 상황을 초래하는 학생이 있는 학급을 대상으로, 밀착지원 봉사자를 긴급 파견한다.

16 정규 교육과정 운영 시간 중 개인별 밀착지원 및 도움이 필요한 학생을 대상으로 학습보조, 이동 식사 등을 지원한다.

있는 전문성을 갖춘 사람, 갈등 조정 전문가 등을 충분히 준비해야 한다. 일본에서는 오사카대학 오노다 마사토시(小野田 正利) 교수가 학내 갈등 해결 인력 양성 프로그램을 개발하고 교육위원회와 협력하여 연수 강좌를 개설하고 교사 대상, 교사와 학부모 대상, 학교 관리자 대상 워크숍 프로그램을 개발하여 상당한 효과를 거두었다.

우리나라에서도 학교 문제 해결 관련 프로그램을 개발하고 연수기관 등에서 연수를 개설하여 인력을 양성해야 한다. 특히 교장·교감 연수, 교사 연수의 교육과정에 갈등 관리 역량을 강화하는 내용을 포함하고 교육을 강화해야 한다. 우리의 경우 갈등 사안 처리와 관련하여 현재는 학교(교육청) 내 절차와 재판 등 두 가지 방법만 활용되고 있다. 학교 내 절차는 제대로 정비되지 않았고, 재판으로 가는 것은 여러 가지 부담을 수반하며 당사자 간 화해 가능성이 높지 않다. 교육 현장에서는 대안적 분쟁해결기구(Alternative Dispute Resolution: ADR)를 구성하여, 이 기구에서 조정, 화해, 중재, 협상, 재정(裁定), 상담 등 기능을 수행하게 해야 한다. 여기에 필요한 전문적인 인력과 시스템을 구축하고 필요한 예산을 안정적으로 확보해야 한다.

민원 개념 정립과 대응 시스템 구축

서이초 사건 이후 교사의 교육활동 보호 대책으로 '교원 개인이 아닌 기관이 민원을 대응하는 체제'로 개선하고 학교장이 책임지는 시스템을 구축하고 있다. 인공지능(AI) 챗봇을 도입하여 단순·반복적인 민원을 효율적으로 응대하고, 지능형 나이스 시스템을 활용한 온라인 민원시스템을 도입하는 방안도 추진되고 있다. 교육부는 "교사는 개인 휴대전화를 통한 민원 요청에는 응대하지 않을 권리를, 교육활동과 무관한 민원에 대해서는 답변을 거부할 권리를 갖는다."고 강조했다. 이런 대책이 추진되는 과정에서 초·중등교육법에 제30조의 10(학교 민원 처리 계획의 수립 시행 등)에 관한 사항이 포함되었다. 결과적으로 학부모는 행정기관에 특정한 조치를 요구하는 개인인 민원인이 되었고 학교는 민원 처리 기관이 되었다.

하지만 민원 대응 시스템의 구축과 법적 근거를 마련해야 하는 필요성을 인정하면서도 이와 관련하여 적지 않은 우려가 제기되고 있다. 첫째, 학부모가 민원인이 되면서 학교가 교육 서비스를 제공하는 기관으로 규정되고 교사는 서비스 제공자로 역할하게 된다는 것이다. 민원을 요구하고 처리하는 거래적 관계를 강화하는 정책을 학교 현장에 적용하는 것에 대한 진지한 검토가 필요하다. 둘째, 학부모와 교사의 민원에 대한 인식의 격차를 줄이기 위한 체계적인 노력도 없이 법률 행위의 대상으로 삼는 것에 대한 우려. 학부모는 교사와 학교에 원하거나 요구하는 일을 민원으로 생각하는 데 비해 교원은 이른바 '악성 민원'을 중심으로 민원을 인식한다. 학부모가 자녀의 학교생활에 관심을 갖고 자기 의견을 개진하는 것은 당연한 일이며, 교사는 경청하고 가능한 한 교육활동에 반영해야 한다. 학부모의 의견 개진과 민원 제기는 구별되어야 하고, 민원은 내용에 따라 학급과 학교, 교육청 단위의 역할에 맞게 적절하게 제기되고 처리되어야 한다.

이와 관련하여 외국의 민원 대응체계를 검토하고 우리 교육 여건에 맞는 시스템을 구축하는 데 시사점을 얻고자 한다.[17]

---

17 학교의 학부모 민원 대응체계 및 사례(한국교육개발원 수탁연구자료 CRM 2023-76). 이쌍철 재인용.

미국에서 학부모는 '가족의 교육권 및 개인정보보호법(Family Educational Rights and Privacy Act, FERPA)' 또는 '학생 권리 보호 개정법 (Protection of Pupil Rights Amendment, PPRA)'에 따라 본인의 권리가 침해당했다고 생각했을 때 학생 개인정보 보호 정책실(Student Privacy Policy Office, SPPO)에 서면으로 불만을 제기할 권리가 있다. 민원 절차와 민원 양식에 따라 해당 지역(학교, 지원청)에서 해결을 시도하고 미해결 사안은 교육부(교육청)에 제기하며, 민원 조정인이 민원 검토와 해결 및 민원 제기자와 당사자의 항소 제기 절차를 마련해 놓고 있다. 민원 접수와 처리를 담당하는 인력의 직책도 정확히 명시해 두었다.

캐나다에서는 교실 민원은 우선적으로 교사에게, 학교 민원은 교장에게, 교육청 및 지역사회 민원은 교육감에게 제기하는 것을 기본으로 삼고, 학부모를 위한 지침을 마련해두고 있다. 민원 처리 기간을 설정하고 행정감찰관 제도와 연계하여 민원을 처리한다. 온타리오주의 행동 강령(Code of Conduct)은 개별 교육청의 모든 주체가 준수해야 할 예의 및 안전에 관한 구체적 행동 기준(standard of behavior)을 명시하고 학생, 교사, 유아교육 교사, 자원봉사자, 기타 교원뿐 아니라 부모 및 보호자에게도 적용한다. 부모의 역할과 책임에 대해서도 명시하며, 학교 규칙을 숙지하고, 교원이 자녀의 징계를 처리하도록 협조하는 내용도 포함되어 있다.[18]

영국의 모든 학교는 2002년 제정된 교육법 29절 제1조에 따라 민원 처리 절차(Complaints procedure)를 마련하고 민원 접수 방법을 이해당사자에게 알려야 하며, 같은 법 29절 제2조에 따라 정부 기관이 발

---

18 조영주(2023.11.8.). 캐나다 온타리오 주의 학부모 민원 대응 정책. 한국교육개발원 교육정책네트워크 해외교육동향.

표하는 민원 처리 절차에 관한 지침을 고려해야 한다(The Education Act 2002, n.d.). 또한 지속적이고 끈질긴 민원을 처리하는 방법에 대해서도 지침서에서 안내하고 있다. 특히 교육부는 학교마다 이런 민원을 처리하는 별도의 지침서를 갖추기를 권고한다. 학교가 민원 처리 절차에 따라 조치를 취했음에도 해당 학부모가 동일한 민원을 계속 제기하는 경우 해당 민원을 악성 민원으로 간주하고 더 이상 응답하지 않을 수 있다. 독립 중재자 사무소(Office of the Independent Adjudicator)에는 '시시한' 혹은 '성가신' 민원도 규정해 놓았다(DfE, 2021).

독일에서 학부모가 민원을 제기하는 것은 학교나 교사에 대한 불만 사항을 공식적으로 제기하는 것으로 이해되며, 학교 경영진이 이를 접수한다. 민원이 접수되면 학교는 관련 교사에게 진술서 제출을 요구한다. 이 진술서 및 학교가 제출해야 하는 몇몇 필수 서류와 함께 민원은 지역 정부로 넘겨진다. 학교 경영진은 학부모에게 민원이 접수되었음을 알려야 한다. 신속하게 처리될 수 없는 민원은 임시 결정을 받게 되며, 해당 민원은 지역 정부로 전달된다. 지역 정부로 제출된 민원은 그곳에서 최종적으로 구속력 있는 결정이 내려지며, 이 결정은 학부모와 학교에 서면으로 전달된다. 독일은 학부모의 민원을 당연한 권리로 인식하고 이를 위한 규정과 절차를 제시하고 있다. 독일에서는 민원을 제기하려는 학부모는 민원 관련 당사자와 해당 사안에 대해 대화를 나누어 사안이 법적인 문제로 번지는 것을 방지하고 상호 신뢰 관계의 의미를 되새긴다. 학교에서 해결되지 않은 민원은 학교가 학교 감독기관 등 지역 정부에 제출하며, 그 과정은 투명하게 학부모에게 통보된다. 마지막으로 지역 정부에 민원이 제기되면 학생과 학부모 측과 학교와 교사 측 모두 법적 지원을 받을 수 있는 자세

한 내용을 안내받게 하고 있다.

프랑스도 최근 들어 학부모가 교육 서비스 사용자 입장에서 자신의 권리와 이익을 지키려는 모습을 보이며, 이로 인해 학교와 갈등을 빚는 경우도 늘고 있다. 이로 인해 교원이 단순한 이의 신청이 아니라 학부모로부터 수위가 높은 비난(신고)의 대상이 되었을 경우, 이에 대한 대응 및 지원 체계는 학교장과 교육청 두 단계로 나뉜다.[19] 우선 학교장은 기본적으로 교원을 보호하고 지지하며 교육청에 보고하는 역할을 맡는다. 해당 교원에게는 신고 사실을 알리고, 교원과 함께 추후 절차와 지원 방법을 논의한다. 교사는 학부모와 면담을 하는데, 다른 교직원이나 학부모 대표 등 제3자와, 필요한 경우 교육청 장학사와 함께 면담한다. 곧이어 학교장에게 사실을 보고받은 교육청 담당 장학사는 학교장과 추후 절차를 논의하고 결정은 교육청에서 내린다.[20]

핀란드 교사들은 파트너십을 구축하기 어려운 학부모의 유형으로 1) 학교를 공동체로 여기지 않으며 자녀 문제에 과도하게 개입하고 교사의 전문성을 의심하는 부모, 2) 자녀 문제에 무관심하고 교사와의 협력 작업에 참여하지 않으려는 소극적인 부모, 3) 자녀 문제를 부정하거나, 학교에서 보인 행동이 가정과 다를 수 있다는 것을 인정하지 않는 부모, 4) 자녀의 추가적인 학습지원 필요성을 인정하지 않는 부모, 5) 학교에서 발생한 문제의 처리는 학교가 담당해야 한다고 생각하여 이에 대한 책임을 교사에게 모두 전가하려는 부모 등을 꼽고, 학교-학부모의 협력을 방해하는 요소로 본다. 핀란드는 교사, 학부모 그리고 다양한 학생 지원 전문가 및 기관이 긴밀한 협력하에 교육 문제

---

19 MENJ, 2019.

20 Lévêque, 2018.

에 대한 해결안을 모색한다. 학교-지자체 연계 학생지원시스템과 학교 수준에서 학습 및 복지지원을 위해 꾸려진 교내 전문 학생복지팀 운영, 학교 전체 구성원의 웰빙 증진을 위한 운영모델 실행 등 체계적인 지원망을 기반으로 주체별 책임을 분담하여 학부모 민원에 생산적으로 대응하고 있다.

일본 카가와(香川)현 교육위원회가 펴낸 학부모 대응 매뉴얼은 '내 자식 중심형', '학대형', '몰상식형', '학교 의존형', '권리 주장형'에 대해 '초중학교'와 '고등학교, 특별지원학교' 사례별로 대응을 소개한다. 도쿄도교육위원회는 학부모의 민원에 대응하기 위해 2008년 6월 '공립학교 학교문제검토위원회(公立学校学校問題検討委員会)'를 설치 운영하고 있다.

이들 외국 사례에서 얻을 수 있는 시사점은 학부모들의 자녀 교육 관련 정보나 민원, 상담 요구가 내용에 따라 체계적으로 구축되어 있고, 특이민원의 경우에도 이에 적합한 대응 시스템을 마련하고 있다는 것이다. 민원은 교육 현장에서 당연히 발생할 수 있고, 민원을 제기하는 학부모들은 민원 제기 절차와 민원의 범주에 따라 어디에 제기해야 하는가에 대한 정보를 제공받고 민원 양식과 절차에 따라 제기하는 방식이 일반화되어 있다. 교실 단위, 학교 단위, 교육청 단위에서 해결해야 할 민원이 범주화되어 있고, 의회 차원의 입법 활동을 통해 제도 개선 방안을 마련하고 있다.

우리의 경우 이제까지 민원은 가능한 한 발생하지 않아야 하고, 민원 발생은 역량이 부족하거나 관리자에게 부담을 주는 것으로 여겨왔다. 민원이 발생하면 가능한 한 교사가 알아서 해결해야 하는 조직문화에서 교사는 민원을 감당하기 위해 고스란히 부담을 지고, 주변의 막역한 동료나 선배에게 도움을 청하는 식으로 대응해 왔다.

민원의 주요 내용은 학생 생활지도, 학교(학급) 운영, 수업과 평가 방식, 학교 안전사고 책임, 생활기록부 기록 등과 관련한 사항에 관하여 불이익을 받았거나 부당한 대우를 받았다는 것에서 비롯되는 경우가 많다. 통학로와 학교 교육환경 개선 등 학교 차원에서 해결하기 어려운 요구들도 적지 않다. 이런 민원을 범주화하여 학교 단위에서 담당해야 할 것과 교육(지원)청 차원에서 맡아야 할 부분을 정하고, 외국의 경우처럼 학생과 학부모에게 민원 절차에 대해서도 안내하도록 해야 할 것이다.

이런 점에서 좋은 사례가 있다. 서울 천왕초등학교는 서이초 사건 발생 이전에 「학생의 교육받을 권리 보장을 위한 2023년 천왕초등학교 교원의 교육권 보호계획」을 수립했다. 여기서 특이민원[21]은 본질적인 문제점이나 건의보다는 개인적 불만, 과도한 요구, 교사나 학교에 대한 편견 등을 주로 담고 있는 민원 등으로 하고, 이러한 민원은 대부분 사실과 다르게 왜곡되었거나 주관적 감정에 기반하여 제기되며, 해결하려 해도 불만을 완전히 해소하기는 어렵다고 본다. 정당한 민원은 학교나 교사의 행동 정책 시스템 등에서 개선이나 변화를 요구하는 민원으로, 사실에 근거하며 구체적이고 명확한 내용을 담고 있다. 이러한 민원은 학교나 교사의 발전을 위해 반영하고 고려하는 것이 필요하다. 또한 학교와 학부모·교사와 학생 등의 관계에서 효과적인 의사소통은 서로의 요구와 기대 그리고 문제점을 이해하고 해결하는 데 중요한 역할을 한다고 판단하여 각각의 경우 원활히 이루어지

---

21 이 학교에서는 학부모와의 관계를 고려하여 학부모의 민원을 악성 민원이라는 부정적인 용어보다는 특이민원으로 지칭했다. 정당한 행정 처분 등에 승복하지 않고 자기 의사만 관철시키기 위해 장시간 반복적인 주장 등으로 행정력을 낭비하게 하는 민원을 특이민원이라 한다(한국행정연구, 2010).

기 위한 방침을 마련하고 있다.

학내 민원 처리 시스템의 원칙으로 첫째, 교원 개인에게 보호자가 직접 연락하거나 대면하여 항의하지 않도록 하며, 홈페이지를 통한 공식적인 민원 접수 처리 시스템을 통해 접수 및 회신이 이루어지게 한다. 둘째, 원칙적으로 업무 시간 외에 교원에게 보호자가 상담을 요청하거나 연락할 수 없고, 상담을 신청하고 교원이 동의한 경우 업무 외 시간에도 할 수 있다. 셋째, 교원의 사생활 보호를 위해 교원 개인 휴대폰을 이용하지 않고 학교의 업무용 전화나 공식적인 연락 수단을 활용하도록 한다. 넷째, 보호자 등이 교원과 대면 상담을 하려 할 경우, 면담 목적과 시간 등을 밝히고 방문 및 면담 예약을 한 뒤 대상자의 동의를 얻어서 한다. 예약하지 않고 찾아오는 경우 학생 및 교직원의 안전 등을 위해 학교에 출입을 제한한다고 학부모들에게 안내했다.

학교 차원에서 특이민원과 정당한 민원의 개념을 마련하고 민원 제기 절차를 안내하고 공적 시스템을 통해 운영하는 모범적인 사례라 할 수 있다. 학교폭력 등 학교 내의 갈등 사안이 거의 발생하지 않는 이 학교에서는 교사와 학부모와 학생이 함께 교육과정 운영의 주체로서 학교자율운영 시간을 편성하고 이에 대한 평가를 하여 개선 방안도 마련하고 있다.[22]

---

22 교육플러스(2024.11.8.). 학부모-학교 갈등?…서울 천왕초, "우리는 모여서 대화로 해결해요."

거래적 관계에서 교육적 관계로의 **복원과 새로운 계약**

1995년 발표된 5·31 교육개혁 방안은 기존 교육을 공급자인 학교와 교사 중심 교육으로 간주하고 학생과 학부모 중심의 수요자 중심 교육으로 전환을 천명했으며, 정책 추진을 위한 법적 근거와 제도가 만들어져 시행되고 있다.[23] 교육을 상품으로 규정하는 신자유주의 교육정책은 교사와 학부모의 관계를 '교육적 관계'에서 '거래적 관계'로 만들고, 학부모의 요구를 만족시키지 못하는 학교와 교사의 교육활동에 문제를 제기하는 풍토를 조성하게 되었다. 이와 함께 학교폭력예방법과 아동학대처벌법이 도입되고 학교와 교사의 대응 방식과 결과에 대한 불만과 이의 제기가 갈등으로 발전하고, 교사와 학부모가 법정의 상대방이 되어야 하는 교육의 사법화는 심화하고 있다.

박희진은 이에 대해 "수요자 중심 교육을 표방하면서 교원 주도의 오랜 질서에서 수요자인 학부모가 '교육 서비스'를 평가하고 관여할 수 있는 구조적인 전환이 이루어지게 되었으며, 학부모는 공급자인 교사들 간 경쟁을 촉진하기 위해 수업 품질 등을 평가하고 부적격 교원은 연수를 받거나 퇴출될 수 있는 시스템을 만들려는 시도가 이루어지게 되었음"을 환기한다.[24] 그는 학생과 학부모가 스스로를 소비자 혹은

---

23 초중등교육법의 해당 조항이 마련되었고[제9조(학생·기관·학교 평가) ① 교육부 장관은 학교에 재학 중인 학생을 대상으로 학업성취도를 측정하기 위한 평가를 할 수 있다. ② 교육부 장관은 교육행정을 효율적으로 수행하기 위하여 특별시 광역시 특별자치시 도 특별자치도 교육청과 그 관할하는 학교를 평가할 수 있다.], 학교평가(1997), 학업성취도 평가(1998), 교원평가(2001), 고교 다양화 정책(2008) 등이 시행되고 있다.

24 박희진(2024). 건강한 관계맺기를 위한 학교공동체 세우기: 새로운 '이야기'가 필요하다. 서울교육 2024 봄호(254호).

고객으로 인식하고, 제공되는 교육 서비스가 개별 욕구를 충족시켜 주기를 기대하면서 교원과 학교에 무리한 요구를 할 여지가 생길 수 있다고 진단한다.

오랫동안 교사와 학부모 관계를 연구해온 오노다 마사토시 교수도 일본 사회에서 교사와 학부모 간 갈등이 급증하게 된 배경의 하나로 신자유주의 정책의 문제를 꼽는다.[25] 1990년대 말부터 신자유주의 정책이 급속히 진행되면서 사회 전체는 구조개혁이 본격화되고, 사람들 사이에 관계 단절이 두드러지며 폐색감(閉塞感)이나 초조함이 급속히 늘게 되었다는 것이다. 감정을 분출할 곳을 찾으려는 사람들은 공공 서비스에 신랄한 비판을 하고, 교육이나 학교 역시 일반 상품과 마찬가지로 비용 대비 효과 또는 고객 만족 서비스를 요구하는 경향이 강해지게 되었다. 일본 사회에서 어떤 요구라도 '말하지 않으면 손해, 말해야 이기는 것'이라는 풍조가 확산하면서 학교에서 자녀의 '해로운' 대우를 참을 수 없으며 '같은 값을 지불하면 같은 제품을 얻을 수 있다'는 인식으로 자녀가 '평판 좋은 베테랑 교사'가 아닌 다른 사람에게 배정되는 것을 불공평하게 여기는 학부모가 늘어나게 되었다는 것이다. 그는 일본의 교사들은 학교가 이런 괴물 부모와 자녀를 다루는 데 어려움을 겪는 이유가 '학교와 동등한 입장에서 소비자'라는 지위를 사용하기 때문으로 보고 있다고 분석한다.

송경오는 5·31 교육개혁 이후 교원정책이 수요자 중심 교원정책과 성과 중심 교육정책을 추진하면서 교원 법제의 전통적 정신(우대와 존중)과 상반되는 방향으로 변화하여 교사를 교육 소비자인 학생 학부모의 요구에 직접적으로 반응하게 하는 분위기를 형성시켰다고 본다.

---

25 小野田 正利(2009). 保護者と教師のコンフリクト 日本教育行政学会年報, 35. 77-93.

이러한 수요자 중심 교원 정책의 부작용으로 학교와 교사와 학생, 학부모 간 대립 구도를 형성하고 교실 내 교육적 결정에 대한 교사의 전문성과 판단을 존중하지 않는 문화를 형성하여 교사와 학생 그리고 학부모 간 협력적 관계를 형성하기 어렵게 만들었다는 것이다. 교원의 역할이 사회적 모범을 보이는 것 대신 지식 전달자, 특히 교과 전문가로 축소되고 교과 전문가 중심으로 교사를 양성하면서 교사 간 협력을 간과하는 결과를 초래하는 부작용을 낳았다는 것이다. 이런 문제점을 해결하려면 교사 역할 재정의와 위상 회복이 필요하다고 강조한다. 교사를 교과 전문가의 지위에서 전인교육 지도자로서 학생의 전인적 성장을 이끄는 역할의 담지자로, 교육과정 설계와 수업 운영의 자율권과 관련하여 전문성과 자율성을 갖춘 존재로, 지식 전달자를 넘어 사회적 가치를 실현하고 교육 공동체 내 협력을 주도하는 역할을 담당하게 해야 한다는 것이다.

한편 송경오는 교육공동체 가치 회복을 위한 방안으로 공동체적 교육 비전을 설정하고, 학부모가 교사를 공급자로 인식하지 않고 교육적 동반자로 인식할 수 있는 문화를 조성해야 할 것을 제안한다. 이를 위해 학교 내 교사 학부모 간 소통의 장을 마련하여 교육 목표를 공유하며 상호 이해를 증진할 기회를 제공하고, 교사와 학부모 간 갈등 상황에 대처할 수 있는 프로그램과 시스템을 마련할 것을 제기한다.[26] 학부모와 교사의 관계를 거래적 관계에서 교육적 관계로 전환하는 것은 교육 구성원들을 경쟁과 대립으로 내몰아온 신자유주의 교육정책을 협력과 상호 연대의 교육으로 전환하는 것과 함께 이루어져

---

26 송경오(2024). 회복과 진전을 위한 통합적 교원정책 모색. 한국교육정책연구원 2024년 하반기 정책 세미나.

야 할 것이다.

이러한 거시적인 교육정책의 전환과 함께 교사와 학부모가 서로를 불편해하고 거리를 두고 있는 상황을 바꾸기 위한 의식적인 노력이 필요하며, 학부모의 학교 참여를 확대해 가야 한다. 학부모와 교사 간 신뢰 관계 형성이 어려운 것은 자녀 교육의 주체이면서도 자녀 교육을 학교에 위임한 객체라는 학부모의 이중적 지위에서 비롯된다. 이 때문에 교사와 학부모는 직접적 경험을 토대로 서로에 대한 신뢰를 형성하기보다는 자녀가 전하는 말이나 보이는 행동 또는 동료 교사나 학부모들의 평판과 같이 간접적 정보 등을 통해 신뢰를 쌓을 수밖에 없는 관계다(Adams&Christenson, 2000).[27]

학부모와 교사의 관계가 학생을 매개로 일정 기간 이루어지는 조건에서 학생의 건강한 성장을 위한 바람직한 관계가 이루어지려면 원활한 소통이 일상적으로 이루어져야 한다. 교사와 학부모의 빈번한 의사소통은 학생의 과제 수행 및 학급 활동의 적극성 신장 등 다양한 측면에서 확실한 효과를 내는 것으로 드러난다. 즉 교사와 학부모 사이의 의사소통을 통한 지속적인 정보교환과 상호협력의 긍정적인 관계는 학습자의 교육적 성취에 큰 영향을 주며, 의사소통이 긍정적일수록 학급 분위기, 학생의 학교 적응 및 학업성적, 교사의 교수 맥락, 교사의 직무만족도, 학부모의 학교 교육 만족도, 학부모와 교사의 관계에 긍정적인 영향을 준다.[28] 학부모들은 학교와 교사와의 적극적인

---

27 이전이 외(2022). 학부모와 교사의 상호 신뢰 회복 방안. 경기도교육원 현안보고에서 재인용.
28 노한나(2012). 교사와 학부모 간에 이루어지는 의사소통과 학생들의 학업성취 및 학급 활동과의 관계. 창원대학교.

소통과 관계 맺기를 원하고 교사들도 이런 관계가 학생들의 교육에 필요하다는 데는 이견이 없다. 하지만 학교는 교육과정 운영 등에 대한 기본적인 정보 제공에 인색했고 그 필요성조차 인정하지 않았다. 교육공동체의 핵심 구성원에 대해 '교사와 학부모, 학생이 되어야 한다'는 주장에 동의하는 학부모는 79.2%에 이르지만 교사는 60.1%에 그쳤다. 하지만 부모의 학교교육 참여에 대해서는 교사의 82.1%, 학부모의 79.9%가 바람직하다는 반응을 보였다. 두 주체 모두 긍정적으로 평가하는 것이다. 교사들은 학부모를 학생 교육의 파트너로 받아들이는 데는 낮은 수준의 인식을 보이면서도 학부모의 학교 교육 참여에는 긍정적으로 반응하는 모순적인 인식을 드러낸다.[29] 이러한 인식의 격차를 줄여가는 것도 주요한 과제다.

학부모와 교사 모두 자녀나 학생에 대한 학부모 혹은 교사의 태도가 서로를 신뢰하는 이유라고 인식하고 교사와 학부모 모두 학교의 폐쇄성과 위계성이 교사와 학부모의 긴밀한 소통을 제한한다고 보고 있다. 교사는 교사의 전문성을 존중하지 않거나 공익보다 사익을 추구하는 몇몇 학부모의 이기적인 태도를 우려하면서 교권 강화 및 보호를 위한 법적·제도적 장치 마련의 필요성을 제기하고 학부모들은 교사가 학교교육의 파트너가 되기를 기대하지만, 교사는 학부모가 학교교육의 지원자가 되기를 기대하는 경향이 두드러진다.[30] 교육기본법에서는 학부모를 교육의 3주체로 인정하지만, 교사들은 여전히 자신을 교육전문가로 위치 지으며 학부모를 교육활동을 지원하고 지지하는 대상으로 주변화하는 경향이 있고, 이런 인식이 바탕에 깔려있는 상

---

29 김명희 외(2023). 학부모의 학교참여 실태 분석 및 개선 방안: 초등학교를 중심으로.
30 이전이 외(2022). 학부모와 교사 간의 상호 신뢰 강화 방안. 경기도 교육연구원.

황에서 학부모에게는 제한된 정보와 학교가 필요로 하는 제한된 역할이 주어지고 있다.[31]

교사와 학부모의 관계를 교육적 관계로 복원하는 것은 쉽지 않은 과제다. 불신의 늪에서 벗어나 상호 이해를 바탕으로 인식의 격차를 줄이고 성공적인 협력의 경험을 쌓아가면서 제도화하는 의식적인 노력이 이루어져야 한다. 교사가 학생과 학부모를 교육 3주체로 규정하면서 교사회·학생회·학부모회 법제화와 잘못된 교육제도와 열악한 교육환경을 개선하기 위한 운동을 함께 전개하던 시절은 역사 속으로 사라지고 있다.

교육 3주체론도 시대의 변화와 여건에 맞게 재정립되어야 한다. 교원의 전문성과 교육적 권위를 학부모가 존중하고, 학부모의 건강한 학교 참여와 정당한 의견 개진을 교사가 겸허히 수용하는 학교 공동체를 새로이 구축하는 새로운 교육협약을 만들어 가는 것이 그 출발점이 되어야 할 것이다.

---

31 김기수 외(2021). 공교육 강화를 위한 학부모 역할 연구, 경기도 교육연구원.

8장

만능이 아닌 법률, 참여 제도를 확대하자

'법률의 홍수'라는 말이 나올 정도로 많은 법률이 만들어지고 있다. 국회의원들은 자신의 활동을 법률안 발의 실적으로 증명하려 한다. 시민단체는 법률 제·개정 건수를 중심으로 국회의원을 평가한다. 정부 스스로 사업이나 정책의 법적 근거를 갖추고 안정적으로 추진하고자 하기에 법률 제정에 집착한다. 이와 연관된 현상이지만, 어떤 문제가 발생할 때 법률을 따지고, 경우에 따라서는 법정에서 시비를 가리는 일이 많아지고 있다. 법률이 늘어나고, 법원에 최종 판단을 맡기는 경우가 많아지고 있다. 우리는 '법화사회'를 살아가고 있다.[1]

교사와 학생, 학부모가 원고와 피고가 되어 법정에 서는 일이 늘고 있다. 과거 군사부일체라는 유교적 윤리가 지배하던 다자녀 시대에는 학부모와 교사, 학생과 교사 간 갈등이 잘 드러나지 않았지만, 오늘날 학교 당사자 간 관계가 법적 관계로 전환되면서 새로운 형태의 갈등

---

1 김용(2017). 법화사회의 진전과 학교 생활세계의 변화. 교육행정학연구, 35(1). 87-112.

이 나타나고 있다.[2] 심각한 학교폭력 사안 또는 사회적으로 주목받는 교권 침해 사건이 발생하면 학부모와 교사 등 교육 당사자들은 법률 제·개정을 요구하고, 교육 당국과 정치권은 더 강한 처벌을 가하게 하는 법안을 만들어 왔다.

2018년부터 2022년까지 5년 동안 학교 안에서 교원을 대상으로 발생한 법률 분쟁 관련 사건은 1,188건으로, 형사 사건이 71.6%(851건)로 가장 많고 민사 사건 21.8%(259건), 행정 사건 6.6%(78건) 순이었다. 대전의 한 학교에서는 학생들 간 다툼이 발생한 후 학부모가 교원과 학교를 상대로 손해배상 청구 소송을 제기했는데, 1심에서 교사가 '책임 없음' 판결을 받고 종결되기까지 8년이 걸린 사례도 있다. 수사 참여와 절차 진행 기간이 장기화하면 교원들이 심각한 스트레스 상황에 놓이고 교육활동에도 부정적인 영향을 미치게 된다.[3] 이러한 교육의 사법화[4] 문제에 대한 근본적인 검토가 필요한 시점이 되었다.

학교 당사자 간 갈등의 주된 소재는 학교폭력이다. 학교폭력은 학부모의 민원 제기를 넘어 소송으로까지 발전하는 경우가 늘고 있다. 2021년부터 2024년까지 가해 학생이나 피해 학생, 그리고 그들의 부모가 학교폭력심의위원회의 처분에 불복해 제기한 행정심판은 5,013건이나 됐다. 2021년 1,295건에서 2023년 2,223건으로 크게 늘었다.

---

2 이상수(2024). 학교교육에서 이해당사자 간의 관계를 둘러싼 헌법적 쟁점. pp.147-148. 법제처.

3 서울시교육청(2023). '교원 대상 법률 분쟁, 사례 분석 및 교육청 지원방안'

4 '교육의 사법화'란 교육적으로 다뤄져야 할 문제가 사법적으로 다뤄지는 것, 교육이 자체 논리가 아니라 사법적 논리에 지배받는 현상을 말한다. 김기홍(2019). "학부모의 고소를 경험한 교사의 비판적 자문화기술지", 「교육사회학연구」 29(2), 54-56면.

행정소송은 2021년 255건에서 2023년 628건으로 늘었다.[5] 학부모가 자녀를 시켜 교직원들과의 대화를 녹음한 뒤 파일을 유포하고 담당 교사를 고소하는 등의 사례가 늘면서 교사들은 이와 관련한 소송비 지원을 요구하는 지경에 이르렀다. 교육 당사자 각자가 법률 제정을 요구하고 소송으로 해결하려는 경향이 강화되는 것이다.

이러한 소위 '교육의 사법화' 현상의 시발점은 2004년 「학교폭력 예방 및 대책에 관한 법률」이 제정되면서부터라고 볼 수 있다. 2012년 학교생활기록부에 학교폭력에 관한 내용을 기재하게 하면서부터 대학 입학에 영향을 줄 수 있다는 우려로 행정심판, 나아가 행정소송이 급증하기 시작했다. 학생부 기재가 처음 시작된 2012년 175건이던 행정심판 청구가 2019년에는 893건으로 5.1배 늘어났다. 피해 학생과 학부모는 '학교폭력 신고자'가 되었고, 가해 학생과 학부모는 '학교폭력 가해자'가 되었으며, 담당 교사는 조사자가 되거나 행정심판과 행정소송에서 학교 측 담당자로서 역할을 하게 되었다. 학교폭력 전담 변호사가 생겨나고 학교폭력심의회의 주요 구성원으로 참여하면서 사안이 발생하면 변호사를 먼저 찾는 일이 일반화하고 있다.

이와 함께, 아동학대 처벌법이 학교에 적용되면서 교육의 사법화를 촉진하는 주요 요인이 되고 있다. 2013년 울주 아동학대 사건이 전 국민적 공분을 샀다. 울주 아동학대 사건은 계모의 상습적 폭행으로 당시 만 8세였던 아동이 사망한 것으로, 피고인 계모에게 18년형이 선고된 사건이다. 아동학대 사건에 대한 강력하고 효과적인 예방과 대응이 필요하다는 국민적 여론이 높아진 가운데 국회는 2014년 1월 28일 「아동학대범죄의 처벌 등에 관한 특례법(이하 '아동학대처벌법')」을 제

---

5 중앙일보(2024.11.1.). 학교 담장 넘은 '학폭'···행정소송 3년 새 2.5배 늘었다.

정했다. 그러나 법 제정에도 불구하고 아동학대 신고 접수와 의심 사례는 오히려 증가 추세로 이어졌다. 이에 2020년 3월 아동학대처벌법과 아동복지법을 개정하여 기존 민간 아동보호기관이 아닌 국가와 지자체가 주체가 되어 학대 여부 조사 등 법률상 조치를 위한 대응체계가 구축되었다.[6] 이러한 흐름에서 2000년 「아동복지법」을 개정하여 보호자의 범위를 '아동을 교육하는 자(교사)'까지 확장하면서 교사는 학생인 아동의 보호자이자 아동학대 신고 의무자가 되었다. 2014년 제정된 아동학대처벌법은 보호자에 의한 아동학대 범죄의 처벌을 강화했고, 아동학대가 의심될 때에도 신고 의무를 부과하여 교사와 학교는 더욱 엄격하게 규제되었다.

아동학대 신고 의무자에 의한 신고는 2018년 9,151건(27.3%), 2019년 8,836건(23.0%), 2020년 10,973건(28.2%), 2021년 23,372건(44.9%)이었다. 이 가운데 초·중·고 교직원에 의한 신고는 2018년 5,168건, 2019년 5,901건, 2020년 3,805건, 2021년 6,055건에 이른다. 아동학대 범죄가 확정되면 형벌의 경중과 관계없이 학교와 같은 아동 관련 기관에 10년간 취업이 제한되고, 벌금의 최소 단위인 5만 원 벌금에도 사실상 교원 지위를 잃을 수 있게 되었다.

아동학대처벌법에 따라 교사와 학생 관계는 '보호자와 아동' 관계로 전환되었고, 교사의 교육활동이 아동(학생)에 대한 신체적·정서적 학대로 의심받게 되었다. 학부모(보호자)와 학생이 교사를 아동학대로 신고할 수 있게 되면서, 학부모와 학생은 교사를 '잠재적 학대 행위자'로, 교사는 학부모와 학생을 '잠재적 신고자'로 보게 되었다. 학교 관

---

6 신수경(2021). 아동학대 관련 법제도의 문제점과 개선방안-관련 법령과 업무개편 내용을 중심으로-- 공인과 인권 제21권 pp.285-328.

리자는 신고 의무자가 되면서 학부모가 교사를 아동학대 행위로 신고할 경우 교육적 해결을 도모하기보다 책임을 면하기 위해 신고를 권유하는 일까지 벌어지게 되었다.

2018년부터 2021년까지 아동학대처벌법에 따라 4년간 아동 보호 전문기관이나 지자체로부터 아동학대 사례로 판정된 후 보건복지부가 관리하는 시스템에 아동학대 행위자로 등록된 유·초·중·고 교직원 수가 6,787명이다. 그중 5,924명은 지자체가 아동학대 사례로 판단했지만 수사 기관은 정식 사건 처리도 하지 않고 종결했다. 무려 87.2%에 이르는 교직원이 수사도 필요 없는 사안으로 고통받고 상당수 교원이 담임 교체나 휴직 조치 등 불이익을 받게 된 것이다. 지자체가 아동학대 사례로 판정한 6,787건 중 수사 기관에서 수사를 진행한 사건은 863건이고 아동학대 행위자로 등록된 6,787명 중 정식으로 형사입건된 교사는 863명에 불과하다. 그중 검찰이 최종 기소한 사람은 110명이고, 이는 전체의 1.6%에 불과했다. 기소된 110명 중 벌금형에 해당하는 약식기소가 33명이고, 재판에서 6명이 무죄 판결을 받았다. 불기소 처분을 받은 753명 중 무혐의 438명, 기소유예 107명, 보호처분이 208명이었다.

보건복지부 아동학대 사례 37,605건 중 부모가 83.7%, 친인척 4%, 유치원 교직원 0.4%, 초·중·고 교직원은 2.9%에 불과하다. 아동학대 대부분은 가족에 의한 것이다. 아동학대에 필요한 응급조치는 학교가 아닌 가정을 염두에 둔 것이다. 아동학대가 가정에서 이루어지므로 외부에서 인지하기 힘들기 때문이다. 그러나 학교와 교실과 수업 현장은 공개된 장소다. 이런 학교 현장에 대한 고려 없이 아동학대처벌법을 학교와 교실에 전면 적용하게 되면서 정당한 학교교육이 아동학대 신고의 대상이 될 수 있는 위험에 놓이게 되었다. 다만, 근래 아동학대처벌법의 정서적 학대 조항이 학교 현장에서 악용되는 문제를 해결하고자 교육감의 의견 제출이 의무화되면서 아동학대 신고 건수가 일부 줄었다.

〈표8-1〉 종결된 아동학대 수사 건에 대한 검사 결정 결과   (단위: 건)

구분	불기소	아동보호 사건 처리	기소	기타	계
2022년	257(59.2%)	113(26.0%)	64(14.7%)		434
2023.9.25. ~ 2024.4.30.	80(69%)	14(12.1%)	15(12.9%)	7(6%)	116
비율 증감	17% 증가	53% 감소	12% 감소		

출처: 교육부 보도자료(2024.5.22.)

교사가 신고자가 되어 교원지위법에 따른 교육활동 침해를 이유로 학부모와 학생을 '교육활동 침해자'로 신고하는 현상도 늘고 있다. 인천에서는 한 보건 교사가 고등학생에게 교육활동을 침해당했다고 신고했는데, 교권보호위원회에 회부된 고등학생이 학교장을 상대로 행정소송을 제기하여 승소한 일이 벌어졌다.[7]

교사나 교육전문가가 행하던 판단을 교육의 전문성이 없는 경찰이나 검사, 법관 또는 변호사 등 법률전문가가 하게 하면서 많은 부작용이 나타나고 있다. 아동학대처벌법으로 신고된 사안에 대해 교육감의 의견 제출을 의무화하면서 신고 건수가 줄어든 것이 이를 입증한다. 또한 교사들이 교육전문가로서 적극적이고 창의적인 교육활동을 하도록 하기보다는 법령과 교육부 및 교육청의 지침에 의존할 수밖에

---

7 한국일보(2024.9.19.). '교권 침해'로 신고당한 고교생…학교장 상대로 승소.

없게 만들고, 결국 교직의 전문성과 정체성을 크게 위협한다. 이러한 교육의 사법화의 영향으로, 헌법상 교육받을 권리의 주체인 학생이 가장 큰 불이익을 입을 수밖에 없는 것이다. 교육문제 해결을 위해 만든 법안이 역으로 교육활동을 규제하고 교육력을 약화시키는 결과를 낳는 것이다. 학교의 현실을 반영하지 못하는 학교폭력예방법과 아동학대처벌법이 문을 활짝 열어주었고, 교사들의 고통에 둔감한 교육 당국은 그것을 알고도 방치했다고 할 것이다.[8]

「교원의지위향상에관한법률」 제정 이후 교권 침해 사건이 사회적 의제가 될 때마다 처벌을 강화하는 방식으로 법 개정이 이루어졌다. 정책 추진 근거를 마련하기 위해 법령을 개정하는 대책이 주가 되면서 그 필요성이 심화할 때마다 법령을 구체화하거나 기존 규정과 시행령 조항을 법률로 상향 입법함으로써 규범력을 강화하는 방식이 관행처럼 이루어지고 있다.[9] 「교원의 지위 향상 및 교육활동 보호를 위한 특별법」에 "목적이 정당하지 아니한 민원을 반복적으로 제기하는 행위"와 "교원의 법적 의무가 아닌 일을 지속적으로 강요하는 행위"가 교육활동 침해의 범주에 포함되었지만 "목적이 정당하지 않은 민원"에 대한 판단은 법원이 담당하는 일들이 발생하게 되는 식이다. 서이초 사건 이후 교권보호 5법 개정 과정에서 학교생활기록부에 교권 침해 관련 사안을 기재하는 법안이 제출된 적이 있다. 국회의 논의 과정에서 찬반이 갈려 법 개정에 이르지 않았지만, 법안이 통과되었을 경우 교권 침해인가 아닌가를 두고 교사와 학생, 학부모의 관계는 더욱 첨

8 송원재(2024). 교사가 아프다. 서울: 살림터.
9 김범주(2023). 학생생활지도(분리)현장 안착을 위한 국회정책 토론회 주제 발표문. 시도 교육감협의회, 국회교육위원회 강민정, 도종환, 서동용 의원실 공동 주최.

예한 갈등 상황으로 치달았을 것이다.

그런데, 법률만으로 교육을 바꿀 수 없다. 학교폭력예방법을 시행한다고 학교폭력이 사라지는 것은 아니다. 법률과 법원에 문제 해결을 의존하는 사이 학교 안의 인간관계가 상당히 뒤틀리고 있다. 잠깐 다투었다가도 금방 화해할 수 있었던 아이들이 법정에 서서 평생 다시 만나지 않을 사람이 된다. 교사들은 교육을 하기보다는 법원의 사건 처리를 돕는 보조적 업무에 매달리는 가운데 에너지를 잃어간다. 법률과 법원이 학부모와 교사 간 갈등을 해결해주기를 기대하기도 어렵다. 이지메 문제로 관련 법안을 제정한 일본의 경우에도 우리와 판박이 같은 문제가 발생하고 있다.

> 10년 전에 만든 '괴롭힘(학교폭력) 방지 추진법'도 폐해가 크다. 학생들 간의 사소한 다툼까지 모두 가해자와 피해자가 있는 폭력 사건으로 규정해 서로 화해할 수 있는 기회를 박탈하고 법정 다툼으로 키운다. 학교에서 파악하기 어려운 온라인 공간의 괴롭힘, 학원에서 발생한 문제까지 모두 학교가 방치한 문제 때문이라고 몰아세운다. 이렇게 현장을 반영하지 않은 법과 지침이 교사를 괴롭히는 것은 한국도 비슷해 보인다.[10]

얼핏 법률이 훌륭한 문제 해결 수단으로 보이지만, 법률로 문제를 깔끔하게 해결한 사례는 찾기가 쉽지 않다. 오히려 또 다른 문제를 일으키는 경우가 많다. 교권이 법률로 보장될 수 있지도 않고, 학부모와

---

10 한국일보(2023.7.31.) "학부모 악마화는 해법 아냐" 교권 붕괴 먼저 겪은 일본서 배운다. 오노다 마사토시 명예교수 인터뷰.

교사 간 장벽을 높이며, 학교는 공동체에서 멀어진다. 이렇게 분열된 공간에서 교육을 기대할 수 없다.

학부모 학교 참여 제도, 바꿔야 한다

서이초 사건 이후 교육부는 교권 회복의 시급성을 고려하여 〈학생 교원 학부모가 상호 존중하는 교권 회복 및 보호 강화 종합 방안〉을 마련하고, 학부모에게도 학교의 전문적인 교육활동을 존중하고 협력할 책무가 있음을 강조하기 위해 「교육기본법」 「초중등교육법」에 학부모의 학교 협조 존중 의무 조항을 신설했다. 2024년에는 〈모든 학생의 건강한 성장을 위한 학부모 정책의 추진 방향과 과제〉에서 학부모 정책의 목표를 '모든 학생의 건강한 성장'으로 설정했다. 여기서도 그동안 학교교육의 '수요자'로서 학부모의 참여를 강조했으나, 가정교육의 '공급자' 및 학교교육의 '협력자'로서 학부모의 책무성 강화 필요를 강조했다.

교육 당국의 이러한 교권보호 중심 정책 기조의 여파로 학부모 활동이 위축되고 있다. 학부모들이 학교에 가는 것이 불편해지고, 학부모 상담 기간도 줄어들거나 아예 신청 자체가 줄어들었다. 일부 교육청에서는 학부모 사업을 줄이거나 지원을 중단하는 일까지 벌어졌다. 교육청의 학부모 관련 업무는 이전까지 학부모 학교 참여 지원, 학부모 교육 지원, 학부모 지원 서비스 등으로 이루어졌지만 이제는 '학부모 교육'으로 좁혀졌다.[11]

---

11 김기수(2024). 학부모의 학교 참가 제도에 관한 토론. 대한교육법학회 2024년 비교교육법포럼(학부모의 학교 참가 제도) 토론문.

소통과 협력은 줄이고 거리 두기에 초점을 두는 이런 정책은 한계를 드러내고, 오히려 사태를 악화한다. 이제는 2023년 교권보호 대책으로 시행되는 다양한 방침이나 프로그램에 대해 효과성을 검토하고 개선할 사항은 개선해야 할 시점에 와 있다. 대표적으로, 학부모 학교 방문 예약 정책에 대해 학부모의 학교 참여 의지를 약화하고 학교폭력 같은 사안이 발생한 경우에도 학부모의 참여를 어렵게 하는 현실에 대한 대책을 마련해야 한다. 수요자 중심 교육정책이 교사와 학부모 관계를 거래적 관계로 만들고, 악성 민원 대책으로 학부모와 교사가 민원인과 민원 처리자가 되면서 생겨난 교육적 폐해만큼이나 교사와 학부모 관계를 단절시키는 정책은 더 큰 부작용을 불러일으키기 때문이다.

교육기본법은 학교에 대한 학부모의 의견 제시권을 보장하지만, 학부모의 학교 참여를 보장하는 제도적 장치는 미미하다. 법률 수준에서 학부모가 학교운영위원회 구성원으로서 학교 운영에 참여하는 것 외에 다른 제도는 없다. 서울시교육청은 「서울특별시교육청 학교 학부모회의 설치·운영 및 학부모교육 지원 등에 관한 조례」를 제정, 운영하고 있다. 여기서 학부모회 기능은 다음과 같다.

제5조(기능) 학부모회는 학교교육발전을 위하여 다음 각호의 사항을 수행한다.

1. 학교 운영에 대한 의견 제시 및 학교교육 모니터링
2. 학교교육 활동 참여·지원
3. 자녀교육 역량강화를 위한 학부모 교육

4. 지역사회와 연계한 비영리 교육사업

5. 그 밖에 학교의 사업으로서 해당 학교 학부모회의 규정으로 정하는 사업

조례에 따라 학교는 학부모회를 구성하고 있으나, 그 활동이 미약하며 학부모가 학교에 의견을 제시할 수 있는 공적 창구로 활용되지 않고 있다. 학부모는 치맛바람과 높은 교육열, 악성 민원 제기자 등으로 인식되고 있지만 정작 학부모의 학교 방문은 평균 연간 2회 수준이고, 교사로부터 직접 연락을 받은 경우가 14%, 면담 경험은 30%에 불과하다.[12]

Wisbrun과 Eckart(1992)는 학부모 참여를 단순 구경꾼(spectator), 보조 혹은 지원, 참여, 의사결정자의 네 단계로 구분했다.[13] 이 기준에 따르면 현재 우리나라 학부모들의 학교 참여 수준은 주로 가정에서의 지원에 머물거나 학교 행사 및 자원봉사에 국한된 참여를 보인다. 소극적이고 보조적인 지원에 그치며, 적극적인 참여 비율은 낮은 편이다. 학부모의 학교 참여와 관련한 세부 규정이나 제도가 미비하여 의사결정 과정에 참여할 수 있는 통로가 제한적이기 때문이다. 또, 교사와 학부모 모두 상호 협력과 의사소통의 중요성을 알지만, 서로의 입장이 다르다. 학부모들은 학교 참여가 자녀에게 도움이 되기를 기대하는 반면, 학교는 학교에 도움이 되는 참여를 요구한다. 교원들은 학

---

12 조예진·송효준(2023). 학부모 참여적 학교 문화 조성의 '교육적' 효과: 경제·문화적 취약계층 학생을 중심으로. 교육정치학연구 30(4) 245-267.

13 Wisbrun&Eckart(1992). Hierarchy of parental involvement in schools. In L. Kaplan (Ed.), Education and the family. Boston, MA: Allyn& Bacon. pp.119-131.

부모의 학교 교육과정 참여에 한계를 정해야 한다고 생각한다. 그들은 학부모가 교육의 동반자로 참여해야 한다는 원칙론에 동의하면서도 학부모가 실제로 참여하려고 하면 부담스러워한다. 학부모는 자녀 중심의 개별화된 내용 중심의 소통과 정보를 희망하지만, 학교는 학교 중심의 일반화된 정보를 제공한다. 정보 제공자와 수급자 간에 괴리가 있는 것이다. 또한 학부모는 가정 형편이나 취업 등의 제약으로 학교 참여가 어려운 경우가 적지 않아 전업주부인 어머니의 학교 참여율은 높지만, 경제 활동을 하는 부모와 월평균 가구소득이 낮은 부모들의 학교 참여 경험은 저조한 실정이다.

외국의 경우 학부모 학교 참여를 보장하기 위해 세부 규정이나 제도를 갖추고 있다. 독일은 주법인 학교법에 근거하여 학부모회를 다양하게 구성하고 있다. 독일 노르트라인-베스트팔렌주는 학교법에 따라 학급 학부모회, 학교 학부모회, 학교회의를 운영하고 학부모들은 학급 학부모회를 통해 교사와 함께 숙제 범위와 종류, 평가, 학습공동체 구성 등에 대해 논의하고 결정한다. 수학여행이나 축제와 관련된 사항도 학급 학부모회를 통해 논의되고, 학교 학부모회는 전체 학부모 의견을 모아 학교에 전달하는 등의 역할을 한다. 교사와 학부모, 학생 대표로 구성되는 독일의 학교회의는 학교 경영 및 교육활동 등의 다양한 업무와 학교 내부 문제를 논의한다. 예컨대, 학교 휴일 결정, 학교 프로그램 및 학교 행사 계획 수립, 교칙 시행 등이 학교회의 주제가 될 수 있다.[14]

한편, 학부모 역량을 강화하고자 미국은 학부모 정보자원센터를 설치하여 학교 참여에 대해 정보를 제공하고 지역교육구의 학부모 아

---

14 정수정(2015). 독일의 학부모 학교 참여 실태, 한국교육개발원 국외교육동향.

카데미를 통해 학부모 역량 강화 교육을 제공한다. 학부모와 학교의 쌍방향 의사소통 시스템을 갖추기 위해 플로리다주 학교는 학교 참여 정보와 자녀 교육 정보 등을 학교 홈페이지에 제시한다. 학교 참여가 어려운 취약계층 학부모의 학교 참여 여건을 마련하기 위해 미국 워싱턴 D.C.와 캘리포니아주는 학부모 학교 참여 휴가제도를 시행하고 있다.

학부모의 적극적인 학교 참여는 학생의 학업성취, 자아효능감 등을 높이는 데 긍정적이다. 또한 학교와 학부모 간 신뢰와 소통이 강화될수록 학부모의 학교 만족도가 높고, 교육 주체 간 공동체 의식이 높아진다. 한 연구는 학부모 참여 활성화를 저해하는 요인으로 학교 참여의 활성화 여부가 학교 관리자 및 학부모 임원에 의해 좌우되는 점, 그리고 교육공동체 내부의 지속성과 능동성, 자발성이 부족한 것을 지적한다.[15] 또한 정부나 교육청의 학부모 관련 예산이 현실성이 없으며, 부담스러운 행정 절차가 학부모의 학교 참여에 부정적 영향을 끼칠 수 있다.

학교가 바라는 학교 참여와 학부모가 바라는 학교 참여의 격차를 해소하는 것도 중요한 과제다. 학부모회의 목적을 '학교에 참여하여 학교 교육 발전에 기여'하기 위함으로 규정하여 학부모회의 주된 역할을 제한하고 학부모의 주체적 참여 측면을 간과하고 있다.[16] 프랑스와 독일의 경우처럼 학교 단위 대표와 지역 대표, 전국 단위 대표를 선출하고 교육정책의 입안·추진 과정에 학부모의 의견을 반영하도록 제도

---

15 김명희 외(2023). 학부모의 학교 참여 실태 분석 및 개선 방안: 초등학교를 중심으로. 서울특별시교육청교육연구정보원.

16 교육부(2013). 학부모 학교참여 길라잡이.

화하는 방안을 검토해 볼 필요가 있다.[17]

학부모의 학교 참여의 제도화와 함께 학교 차원에서는 교사-학부모 간 쌍방향적 의사소통 기회를 확대해야 하며, 학부모 참여 활동의 자율성 및 주도성을 강화해야 한다. 교사들이 학부모와 의사소통에서 겪는 어려움을 해소하기 위해 예비교사를 대상으로 교사-학부모 갈등에 대한 간접 경험 기회를 늘려 역량을 구축하는 일도 중요한 과제다. 학교 구성원 간 갈등이 교육력을 훼손하고 교사-학부모 관계를 악화시키는 문제를 해결하기 위해 학교장을 비롯한 학교 행정가나 교육청의 갈등 중재 역할이 필요하다. 미국의 이중역량 강화 프로그램 같이 교사와 학부모 연수기관을 통한 교육지원체계를 구축하여 상호 신뢰 관계를 회복하고 소통과 협력을 위한 역량을 길러 나가야 한다.

학교 운영 전반에서 학부모의 소외와 학부모 비전문성 문제를 해결하기 위해 학교는 학부모 교육을 충실히 하고 학생의 교육활동에 대한 충분한 자료를 이해하기 쉬운 언어로 설명할 책무가 있다. 학부모와 교사의 갈등은 지역사회의 역할이 축소되면서 더욱 심화한 측면이 있다. 학부모-교사뿐만 아니라 지역사회와 삼자 파트너십을 구축하여 교육공동체를 형성하는 것도 적극적으로 고려할 필요가 있다. 개별 학교 관점에서 지역 중심 학부모 참여 관점으로 전환하여 내 자녀만의 학부모로부터 사회적 학부모 역할을 재구성하기 위해 지역 단위 학부모회 조직의 법규적 기반을 마련하고 그 활동을 정례화할 필요가 있다.

학부모의 공적 참여 혹은 참여의 공적 성격을 강화해야 한다. 교육

---

17 교육부의 정책자문위원회나 국가교육위원회에 학부모 대표가 참여하고 있으나, 개인과 소속 단체의 입장을 개진하는 방식으로, 대표성을 갖기 어려운 실정이다.

시민[18]으로서의 학부모 상을 정립하고, 학부모 정책이나 학부모 교육도 교육시민성 함양이라는 방향성을 갖고 추진해야 한다. 이와 관련하여 학부모 참여 범위를 명확히 제시하고, 갈등 발생 시 해결을 위한 매뉴얼 개발·보급 및 공식적 소통 창구를 마련할 필요가 있다.

교육구성원의 역할, 다시 정립하자

시대 변화에 걸맞게 교원과 학부모가 '새로운 관계'를 맺어야 할 때다. 서로의 인식의 격차와 입장 차이를 존중하고 필요한 제도와 정책을 개선해야 한다. '새로운 관계'를 실험하면서 더 넓은 의미에서 '학교교육'에 새로운 의미를 부여해야 한다.

우선, 협력과 상생의 교원-학부모 관계를 정립하기 위해서는 다음과 같은 원칙을 논의하고 합의해야 한다. 첫째, 학생의 장기적 이익을 도모하기 위해 교원-학부모 협력을 진작한다. 둘째, 학부모의 학교교육 참여를 활성화한다. 셋째, 교사의 정당한 교육권을 보장한다. 넷째, 학교의 사법(司法)화를 경계하고 진정한 교육적 공간 만들기를 지향한다. 다섯째, 학교교육 당사자의 주체화와 공동체화를 동시에 발전시킨다. 여섯째, 교육활동 민원 요인을 줄이기 위한 정책과 제도를 개선한다. 마지막으로, 학교 구성원 간 소통과 협력체계를 구축한다.

이러한 원칙을 바탕으로 제도를 개선하고, 필요한 일에 인력과 예산을 충분히 투입하여 효과적인 정책을 추진해야 한다. 교육기본법은 '학교교육에서 교원의 전문성이 존중되며, 교원의 경제적·사회적 지위가

---

18 학부모가 교육의 한 축으로서 자녀의 학교 일상에 자유롭게 참여하며 학교 경영에 책무성과 권리를 요구할 수 있는 시민을 뜻한다(국가교육평생진흥원, 2018).

우대되고 그 신분이 보장된다'고 규정하지만, 교사의 수업 방법과 생활 지도 방식, 평가 결과 등에 대해서도 학부모들은 자신의 입장을 개진 하고 수용되지 않을 경우 민원을 제기하는 일이 늘어나고 있다. 반면, 법률에는 학부모가 자녀의 교육활동에 의견을 개진할 수 있게 되어 있 지만 이를 위한 구체적인 방안과 제도적 장치는 마련되지 않고 있다.

교사들은 교원의 교육활동 보호 대책을 요구하면서 교사의 교육권 과 생활지도권 등을 명확히 해달라고 요구하고, 학부모들은 교육부가 발표한 학생 생활 고시 등의 대책에 대해 구성원 간의 권리와 책무가 평등하지 않다고 비판한다. 교육기본법과 초·중등교육법 등 교육 관 련 법에 교육 당사자들의 권리와 의무를 재정립하는 법률 개정이 이 루어져야 한다. 교사의 전문성 영역에 속하는 교육과정 구성권과 평 가권, 생활지도 권한을 존중하고 교권 개념을 교육기본법과 초·중등 교육법에 명시할 필요도 있다. 학부모 입장에서 교육기본법에 선언된 의견 개진권을 실질적으로 보장하는 절차와 학교와 교사의 책무에 대 한 규정도 명확히 해야 할 것이다.

교육 당사자 간 관계를 재정립하고 교육활동을 둘러싼 소통과 협력 을 촉진하는 일에 교육부와 교육청 등이 더 적극적으로 나서야 한다. 교육기본법에는 국가와 지방자치단체, 교육부 장관이 주어로 등장하 지만, 그들이 목적어로 등장하지는 않는다. 초·중등교육법에도 교육부 장관은 주어로 서른여섯 번, 학교의 장이 서른 번 등장하지만, 학생은 일흔여덟 번, 학부모는 세 번, 교직원은 여덟 번 목적어로 나올 뿐이 다. 이와 관련한 조사를 한 정성식 교사는 한국의 교육 3주체는 사실 상 교육 3대상이라고 지적한 바 있다.[19] 이 조사 결과 발표 이후 수많

---

19 정성식(2018.8.13.). 학생 학부모 교사는 교육 3주체라는데…과연 맞을까? 한겨레신문.

은 법 개정이 이루어졌지만, 교육부 장관과 교육감의 역할과 의무, 책임을 이행하기 위한 조치 등은 찾아보기 어렵다. 국회나 시의회에서도 교육구성원 간 관계에 지대한 영향을 미치는 법 개정에 대해 교육현장의 의견을 듣고 새로운 법률 개정이 초래할 부작용을 철저히 검토해야 한다. 법 개정 이후 집행을 위한 인력과 예산이 미비한 것을 보완하기 위해 또다시 법률 개정을 시도하면서 정책의 신뢰성을 떨어뜨리고 학교 현장에 행정 업무만 가중하는 악순환의 고리를 이제는 끊어야 한다.

학생(자녀)의 전인적 성장을 위한 동반자가 되자

일본 영화 〈괴물〉은 고레에다 히로카즈 감독이 제76회 칸 영화제 각본상을 수상한 작품이다. "우리 동네에는 괴물이 산다"라는 대사로 시작하는 이 영화는 싱글맘 사오리와 그의 아들 미나토, 호리 선생님 3인의 시각에서 동일한 사건을 조명한다. 미나토가 "돼지의 뇌를 이식한 인간은 인간일까 돼지일까?"라는 이상한 말과 평소 안 하던 행동을 하는 것이 걱정되어 학교를 찾아간 사오리에게 교장 선생님을 비롯한 학교의 대응은 더욱 화가 치밀게 만든다. 하지만 호리 선생님 입장에서 앵글을 돌린 장면은 아이의 말만 믿고 학교에 항의한 사오리의 행동이 오해에서 비롯된 것임을 보여준다. 미나토의 이상한 행동은 학교에서 이지메를 당하고 있는 그의 친구 요리로 인한 것이고, 이들의 가해자는 가정 폭력을 일삼는 요리의 아버지와 요리를 괴롭힌 남학생 무리다. 학교 관리자들이 사오리를 납득시킬 만한 설명도 하지 못하고 문제가 커지지 않게 하려고 호리 선생에게 사직을 종용하여 자살까지 생각하게 만드는 것은 우리 현실의 데자뷰를 보는 듯한 씁쓸한 장면이다. 영화의 종반부는 극단적인 갈등을 겪은 학부모 사오리와 호리 선생이 사건의 실체를 파악하고, 서로에 대한 오해를 풀고 폭우 속에 사라진 두 아이를 찾기 위해 필사적인 노력을 하는 장면을 보여준다. 이 영화는 '괴물 학부모'가 사회적 문제로 제기되었던 일본 사회에서 결국 문제 해결은 교사와 학부모가 서로 이해하고 갈등을 풀어 가야 한다는 것을 보여준다.

교사와 학부모는 아이들이 자신의 삶을 가꾸어 가는 과정에서 협력자가 되어야 할 존재다. 이를 위해서는 서로에 대한 신뢰가 전제 조건이다. 믿고(信) 의지하는(賴) 관계가 되어야 하는 것이다. 하지만 우리의 교육 현실은 교사와 학부모가 서로에 대해 보다 역지사지(易地思之)의 입장에서 바라볼 것을 요구한다.

우리 아이의 교육에 대해 알 권리와 학부모 상담을 요구할 수 있는 권리가 있다고 생각하고요. 그 권리는 어떻게 보장될 수 있을까? 학부모의 참여라고 생각하거든요. 저희 학교만 봐도 참여하지 않으려 하거든요. 학부모들이 점점 더 참여가 많으면 권리가 더 보장되지 않을까 생각합니다.(파주 ㄱ초등학교 학부모 김○○)

저는 교육주체권이라고 생각해요. 학교에서 일어나는 모든 활동이나 운영 면에서 주체적으로 움직이는 것, 연간계획 같은 경우도 같이 짜고, 이런 부분들부터 시작했을 때 결국 민원도 줄어들거든요. 그 무서워하는 민원도 없어질 수 있고, 참여했을 때 동조하고 건설적인 제안을 하지, 나중에 민원을 걸고 이러지는 않아요. 그

래서 교육주체권의 권리가 필요하다고 생각합니다.(서울 ㅅ고등학교 신○○)

현재는 교사랑 학부모들의 관계가 상호 견제 중이라는 생각이 듭니다. 민원이나 이런 것들에 즉각 반응이 오고… 학부모님들도 학교에 의견을 빨리빨리 줄 수 있고 피드백이 되기 때문에 교사들도 학생 학부모님들의 의견을 무시하지 못하고, 학부모님들은 아이들 때문에 하고 싶은 의견을 다 말할 수 없는 상황인 거죠.(인천 ㅊ초등학교 교사 김○○)

학부모들이 잘못된 정보로 인한 편견들이 많더라고요. 그래서 편견을 줄일 수 있도록 노력해야 한다고 생각합니다. 학교 밖에서 들려오는 소문을 그대로 믿지 말고, 반드시 학교에 연락하여 확인이 필요하고요. 특히 잘못된 소문은 대부분 학부모 단체 채팅방이나 카페 모임 등에서 발생하는 경우가 많아요, 아이들만이 아니라 학부모 역시 그런 정보에 대한 비판적 사고가 요구됩니다.(안양 초등학교 교사 조○○)[20]

학교에서의 신뢰는 "학교공동체 구성원들이 상대방의 인지적·정서적·도덕적 특성을 기반으로 서로 의심 없이 긍정적인 관계를 형성 및 유지하려는 태도"이고, 학교에서의 신뢰와 신뢰 관계 형성은 학교 교육에 산재한 문제점들을 해결할 수 있는 사회적·문화적 자본으로서의

---

20 김기수 외 (2021). 공교육 강화를 위한 학부모 역할 연구 현안 보고, 경기도교육연구원. pp.34-52.

역할을 하게 된다.[21] 하지만 교사와 학부모의 신뢰는 저절로 형성되는 것이 아니라 상대방에 대한 이해를 바탕으로 한 소통을 통해 구축되는 것이다.

교육 현장에서 교사들은 학부모에 대해 "교육의 정상적인 운영과 교사들의 교육활동에 지장을 주는 민원인, 학교공동체의 공동 운영자, 자기 아이에게만 몰두하는 이기적인 학부모, 학교의 민주적 운영을 요구하는 학교혁신의 주체, 재능기부와 마을 교사 역할을 하는 공교육의 협력자, 학교 수업 시간에 학원 숙제를 하거나 사설 모의고사 시험에 학생들이 참여하도록 체험학습을 활용하는 공교육의 방해자"라는 다양한 모습과 이중적이고 상호 모순적인 존재로 규정한다.[22]

초등학교 교사 20명 대상 심층 면접 결과를 바탕으로 한 연구에서도 비슷한 결과를 볼 수 있다. 교사는 자신의 수업 전문성을 존중하는 학부모로부터는 긍정적 감정을, 교사의 일에 지나치게 개입하는 학부모로부터는 부정적 감정을 경험했다. 교사들은 학부모를 '불편한 감시자'로 생각하게 하는 것은 이기적이고 비전문적인 학부모가 교사의 전문성을 침해한다는 염려에서 비롯된 것이며, 자신들의 경계를 존중하고 지원하는 학부모는 '편안한 협력자'로 생각하고 그들로부터 기쁨, 즐거움, 보람 같은 긍정적인 감정을 경험하고 있었다. 교사에게 학부모는 협력자인 동시에 감시자라는 이중적인 존재인 것이다.[23]

---

21 이숙정(2004). 교사신뢰척도 개발 및 교사신뢰와 학교효과 변인의 관계모형 검증, 숙명여자대학교.

22 경기교육연구원(2021). 공교육 강화를 위한 학부모 역할 연구.

23 손준종(2013). 편안한 협력자 또는 불편한 감시자: 초등학교 교사의 학부모에 대한 감정 연구, 한국교원대학교.

〈그림 2〉 교사가 학부모를 신뢰하지 않는 이유(왼쪽)와 학부모가 교사를 신뢰하지 않는 이유(오른쪽)

교사들은 학부모를 신뢰하지 않게 된 계기로 '자녀의 문제행동 발생 시 객관적으로 수용하지 않거나 자녀만 신뢰하는 모습', '교사의 지도와 전문성을 불신하는 모습', '자녀를 방임할 때', '학부모와의 상담', '학부모의 민원 항의'를 든다. 반면, 학부모가 교사를 신뢰하지 않는 이유는 '학생에 대한 무관심', '자녀 관련 문제 발생 시 교사의 대처', '자녀의 부정적 피드백', '소통 부족', '학생들에 대한 감정적 태도', '학생들의 의견 무시', '학급운영 및 지도의 부족', '학생 간 편애' 등이다.

자료:경기도교육연구원 '학부모와 교사 간 상호 신뢰 향상 방안' 연구 보고서

〈그림 3〉 교사(왼쪽)와 학부모(오른쪽)가 생각하는 교사-학부모 간 신뢰 향상 방안

교사들은 교사와 학부모의 신뢰 증진 방안에 대해 교권 강화 및 보호를 위한 법률적 규정 혹은 교권 강화 및 보호를 위한 사회적 분위기 조성 같은 제도적 측면이 선행되어야 한다고 생각한다. 하지만 학부모와의 의사소통 창구 및 상담이 많아져야 한다고도 생각한다. 학부모들은 개인 측면에서는 주기적인 대면상담 및 소통에 대한 요구가 가장 높았으며, 학생들에 대한 교사의 관심과 애정, 학생의 진로 및 학업 관리, 학부모들의 의견 수용 및 반영과 학교 차원에서 학부모 참여 기회 확대와 다양한 소통창구 마련이 필요하고, 제도 측면에서는 교사 자질에 대한 검증이 필요하다는 응답도 적지 않았다.[24]

학부모와 교사의 신뢰 형성에는 다양한 요인이 영향을 준다. 학부모의 개인적 특성, 본인의 학창시절 경험, 교사에 대한 자녀와 다른 학부모들의 평가, 자녀가 재학 중인 학교급과 학년 등이 작용하게 될 것이다. 무엇보다 교사가 학생들에게 얼마나 애정이 있는지에 대한 판단이 학부모의 교사에 대한 신뢰를 좌우하는 바로미터다. 학부모들은 자녀와의 대화에서 느껴지는 교사에 대한 만족도와 자녀에게 관심을 갖는 교사의 모습, 학교폭력 등 자녀 관련 문제 발생 시 교사의 대처 과정에서 교사에 대한 믿음을 확인하게 된다. 교사들 역시 자녀에 대한 학부모의 관심과 사랑, 교사의 의견을 존중하는 태도 등을 통해 학부모에 대한 신뢰 여부가 좌우되고, 담임 선생님과의 전화 문자, 상담 등 담임 교사와 직접적인 소통이 많은 부모일수록 교사에 대한 신뢰도가 높은 경향성을 보인다.

교사와 학부모의 신뢰는 학생-자녀라는 교육의 중심 주체를 위한 신뢰이며, 학교 교육과정을 중심으로 의식적으로 형성되어야 한다. 학

---

24 이전이 외(2022). 학부모와 교사 간 상호신뢰 향상 방안. pp.36-45. 경기도교육연구원.

부모들은 교육 소비자의 인식에서 벗어나 교육 주권자로서, 교육 공동체의 구성원으로 학교의 교육활동에 적극적으로 참여해야 하는 존재다. 아이들의 올바른 성장을 위한 유일한 방도는 바로 그 의사소통의 길을 넓히고 자연스럽게 오가게 해야 하는 것이다.

교사와 학부모는 교육공동체로서 서로 소통을 원하지만 그 소통이 무서운 시대다. 악성 민원으로 교사는 상처받고, 닫혀 있는 학교에 자녀를 보내고 불안한 학부모는 학교를 감시하게 된다. 이런 현상의 부작용은 온전히 자녀이자 학생에게 돌아간다. 대다수의 교사와 학부모는 소통을 원한다. 교사는 학생을 잘 가르치기 위해 부모와의 소통을 원하고, 학부모는 자녀를 잘 기르기 위해 학교와의 소통을 원한다. 교사와 학부모가 소통해야 자녀이자 학생은 배움이 즐겁고 온전한 성인으로 자랄 수 있다.

닫기보다는 열고, 감추기보다는 공개하며, 서로 협력하고 신뢰할 수 있도록 하자. 다양한 문제상황을 막을 수는 없지만 예방할 기회를 만들고, 학부모와 교사가 협력하고 지지하며 응원할 수 있도록 해야 한다. 학부모와 교사가 서로 존중하고 협력할 때, 함께 성장할 수 있고 아이도 성장할 수 있다.

9장
희망 만들기:
회복과 성찰, 공동체 학교

희망 찾기 1. 교육공동체 회복 모임

서울 강동구에 위치한 강명중학교[1]는 학교의 정체성과 교육 방침
을 다음과 같이 표방한다. "강동지역에서 유일한 서울형 혁신학교로,
2012년 개교하여 혁신교육으로 모두가 행복한 학교를 만들기 위해 교
육공동체가 소통하고 협력하며 배움과 돌봄으로 학생들의 다양한 꿈
과 끼를 키우고 있습니다."

이 학교에서도 2024년 학년 초에 교육과정에서 3학년 교육여행을
결정했지만, SNS에서 일부 학생들의 문제행동이 발생하자 학교 측에
서는 교사들의 논의를 거쳐 진행하지 않기로 했다. 이에 대해 학생회
와 학부모회에서 재검토를 요구하여 3학년 학생 대의원 간담회(7/10)
와 3학년 학부모 대의원 간담회(7/11), 3학년 학생·보호자·담임교사 간

---

1 https//gangmyoung.sen.ms.kr

담회(7/15), 3학년 담임교사 협의회(7/16), 3학년 긴급자치회의(7/17~18), 학생 보호자 설문 조사(7/17~18)를 숨 가쁘게 진행하여 교육여행을 실시하게 된다.(2024.9.23.-9.25) 2025년 학사일정에도 5월에 교육여행을 편성했다.[2]

민주적 교육공동체를 표방해 온 혁신학교에서도 서울의 초등학교 사건과 체험학습 인솔교사가 유죄 판결을 받게 되었는데, 이 학교의 경우 학생회, 학부모회, 교사회 모임과 공동 회의를 통해 문제를 해결했지만 2025년 새 학기에 학교마다 현장체험학습을 두고 진퇴양난에 빠져 있다. 경기도 평택의 어느 초등학교는 2024년에 연 2회 편성한 체험학습을 1회로 조정하는 과정에서 교사와 학부모 간 입장 차이가 간극을 좁히지 못하고 교원단체까지 참여하면서 진통을 겪은 바 있다. 교육구성원 간 갈등의 범위가 교육과정 운영 문제로까지 확산하는 것이다. 교사와 학부모의 관계가 멀어지고 교원단체와 학부모 단체가 서로 입장을 달리하는 경우가 많아지면서 또 다른 갈등이 벌어지게 된다. 이 와중에 2024년 스승의 날에 즈음하여 교원단체와 학부모 단체가 함께 참여하는 '교육공동체 회복 모임'에서 공동성명서[3]가 발표되었다. 2023년 11월부터 교사와 학부모 단체를 포함한 5개 단체가 모여 교육공동체 회복을 위한 논의를 시작하여 공동으로 〈교육 3주체 공동체 대화 매뉴얼〉을 계발한 결과를 내놓은 것이다.

---

2 김용 외(2024). 지속가능한 교육공동체로 변화를 위한 학부모의 학교 참여 제도화 연구. p.47. 서울교육청. 및 학교 홈페이지 참고.

3 모임에는 '청소년인권모임 내다', '좋은교사운동', '참교육을위한전국학부모회', '평화비추는숲', '회복적정의평화배움연구소 에듀피스'가 참여했고, 성명서의 주요 내용을 재구성했다.

5월 15일은 스승의 날입니다. 하지만 학교 현장은 교사마저도 "스승의 날이 없었으면 좋겠다."고 할 정도로 원래 의미는 퇴색하고, 구성원 간 소통이 막혀 있는 안타까운 현실입니다. 교사와 학생, 학부모 누구도 행복하지 않고 모두가 아프기만 한 학교와 교실의 현실을 개선하고 단절된 관계를 연결하기 위해 '관계 회복의 핵심은 서로의 아픔에 대한 공감에 있으며, 공감을 바탕으로 한 신뢰가 구축되어야 대안을 모색할 수 있다'는 데 뜻을 모아 3주체가 참여하는 '교육공동체 회복 대화모임'을 실시했습니다.

○ 교육공동체 회복 대화 모임 소개

첫 번째, 여는 마당에서는 학생, 학부모, 교사가 각 1명씩 자신의 입장에서 어떤 어려움이 있는지 교육 현장의 실태와 질문을 던졌습니다. 두 번째, 분임 토의에서는 3주체(학생, 학부모, 교사 + 활동가)를 한 개 모둠으로 구성해 질문에 대한 답을 찾아갔습니다. 4가지 주제(1. 교육공동체 회복을 어렵게 하는 현실은? 2. 현실 속에서 발견한 희망은? 3. 미래에 원하는 교육공동체 모습은? 4. 교육공동체 회복에 필요한 가치는?)를 순서대로 토의하며 교육 회복을 위한 가치와 실천 방안들을 찾아갔습니다. 세 번째, 닫는 마당에서는 '대화 모임에서 느낀 소감', '내가 앞으로 이어갈 마음가짐이나 작은 실천'을 발표하며 모임을 정리했습니다.

1) 교육공동체 회복을 어렵게 하는 현실: 소통 부재, 교육주체 간 불신과 단절, 과도한 경쟁교육, 교육의 방향성 상실, 정치의 도구가 된 교육, 리더십 부재, 공동체 경험 부재, 교육공동체 대화 부족, 편견과 이기심 등
2) 현실 속에 발견한 희망: 지금 함께하는 우리, 서로를 이해하려는 노력, 상대방에 대한 관심, 공동체를 위한 자성의 목소리 등
3) 미래에 원하는 교육공동체의 모습: 자발적 배움의 기쁨이 있는 학교, 공유된 비전과 이상, 협력과 나눔이 쉬운 문화, 모두에게 의미 있는

배움, 시험과 서열이 없는 학교, 모두의 이야기가 들려지는 민주주의 학교, 학부모 공동체성이 존재하는 학교, 리더십이 건강한 학교, 쉼과 여유·놀이가 있는 학교 등
4) 교육공동체 회복에 필요한 가치(키워드): 신뢰, 존중, 성장, 공동체, 기쁨, 관계, 소통, 책임, 자율, 협력 등
핵심 가치로 만든 문장: 우리는 존중과 신뢰의 관계로, 함께 성장하는 교육공동체를 만든다.

2024. 5. 13.

이 프로그램은 교육 주체별 다각적 입장을 이해하고 고통에 공감하며, 교육 3주체가 동의하는 공동 기반을 마련하여 동의한 가치에 기반한 실천과 다양한 정책 대안을 탐색하고, 변화를 위해 연대하는 것을 목표로 한다. 교사, 학생, 학부모 3주체가 동일한 비율로 참여(총 30여 명)하고 진행자는 안전한 공간 만들기, 정직하고 열린 질문하기, 동등한 참여를 통해 다양한 관점과 새로운 통찰의 기회 제공하기, 참여자 모두의 공동 복지를 돌보기, 참여자의 한 사람으로 자신의 성찰 나누기를 주도한다. 이 프로그램은 U 프로세스의 원리를 바탕으로 서클 프로세스에 따라 진행하고 있다.[4]

학교 폭력 문제 등을 회복적 정의에 의한 생활교육 방식으로 풀어가는 원리를 적용하여 학교 주체들의 치유와 회복을 통해 교사-학부모 관계를 개선하는 방안이다. 학교 구성원들이 다양한 요인으로 갈등을 겪는 상황에서 교사와 학부모 단체가 함께 이 프로그램을 마련

---

4 김용 외(2024). 지속가능한 교육공동체로 변화를 위한 학부모의 학교 참여 제도화 연구. pp.92-102. 서울교육청.

한 것은 고무적인 일이라 할 것이다.

■ U 프로세스의 이해: U 프로세스는 과거 집단의 습관적 사고방식과 행동 패턴들을 멈추고 '자기중심(ego)의 의식'을 넘어 '전체중심(eco)의 의식'으로 전환하고자 기획된 사회적 기술임

■ U 프로세스의 경로는 '내려가기 → 바닥에 머물기 → 올리가기'로 알파벳 U자를 닮아서 붙여진 이름임

■ 내려가기: '관찰하고 또 관찰하라.' 습관적인 다운로딩을 멈추고 잠재력이 가장 큰 곳, 현 상황에서 가장 중요한 곳에 완전히 몰입하기

■ 바닥에 머물기: '반복해서 깊이 생각하면서 내적 깨달음이 찾아들게 하라.' 조용한 곳으로 가 깨달음이 찾아들게 하기

■ 올라가기: '즉시 행동하라.' 행동하면서 미래를 탐색하기

	다운로딩(내려받기) 과거의 패턴들을		실행하기 전체의 입장에서
VoJ	중단하기 보기 새로운 눈으로	**열린 생각**	현실화하기 원형 만들기 새로운 것에 머리, 가슴, 손을 연
VoC	방향 재설정하기 느끼기 미래로부터	**열린 가슴**	규정하기 확고히 하기 비전과 의도를
VoF	보내기	**열린 의지** 프리젠싱(발현감) 본질과 연결해서	받아들이기
	나는 누구인가? 나의 일은 무엇인가?		

서클 프로세스

■ 서클은 참여자들이 둥글게 둘러앉아 서로 다른 목소리가 동등하게 들려지는 안전한 대화공간이며, 대화 과정을 통해 함께 느끼고 생각하고 삶의 실천을 탐색하는, 성찰 중심의 집단지성 프로세스임

■ 서클의 과정: 공간 열기(환영의 인사, 침묵, 여는 글) → 체크인(자기소개와 안부 나눔) → 서클의 규칙 안내와 동의 → 주제활동(소그룹 나눔, 전체 나눔) → 체크아웃(배움 확인) → 공간 닫기(닫는 글)

■ 나무 워크숍의 목적: 나무를 은유로 참가자들의 생각을 모으고, 구조화해서 3주체가 생각하는 학교의 모습을 탐색함. 나무의 뿌리, 줄기, 가지, 열매 등의 요소들을 지금의 현실과 우리가 추구하는 가치에 빗대어, 교육공동체 주체로서 상상하고 기대하는 학교의 모습을 탐색함

희망 찾기 2. 좌삼초등학교 소통, 소통, 소통! 참여와 신뢰가 쑤욱 늘어나다

경남 양산군에 있는 좌삼초등학교는 2015년 교육부가 선정한 학부모 학교 교육 참여 부분에서 최우수상을 받은 학교다.

학교 운동장 가족캠프, 아빠와 손잡고 가는 꿈길 등 다양한 아버지 참여 프로그램을 운영하여 아이들의 교육활동에 부모가 함께 참여하는 긍정적 변화를 이끌어냈으며, 교육력 제고를 위해 학생 평가방법 변화에 대한 의견 조사, 교육정책 이해하기 연수 등 학교교육 알기 프로그램과 스마트폰 선용 능력 향상 등 학부모 재능기부 프로그램, 학부모의 자아실현과 배움을 지원하는 좌삼 학부모아카데미 등을 운영하여 학교교육의 결과를 전달받는 수요

자 입장에서 벗어나 아이들의 행복한 학교생활을 위해 능동적으로 참여하는 교육공동체의 역할을 모범적으로 수행했습니다.[5]

2025년 현재 전교생 41명에 6학급인 농어촌의 작은 학교가 최우수 학교로 선정된 활동 내역이다. 이 학교 홈페이지[6] '열린 마당'의 '학부모 공간'에는 학부모들의 학교 참여 활동 모습이 담겨 있다.

2017년 7월 22일 쿠키교실, 성황리에 잘 진행되었습니다.^^ 모두들 수고 많았습니다. 부상 투혼으로 진행하신 ○○이 어머님, 재료 준비하고 도와주신 어머님들, 큰 물건을 옮기신 아버님들 모두 뒷정리까지 깔끔하게 너무너무 수고하셨습니다. 역시 우리 좌삼 학부모님 파이팅입니다요.^^

하지만 코로나를 겪으면서 이 학교에서도 학부모의 활동이 없어지게 됨에 따라 학교와의 소통이 원활하지 못하게 되었다. 코로나 이후에도 이런 상황이 계속되는 가운데 학부모회는 학부모 참여 활동을 늘리는 것을 목표로 '사랑한데이'를 다시 진행했다. '사랑한 DAY'는 2016학년도부터 학부모들이 주관하여 월 1회 실시하는 아침맞이다. 어린이날 및 방학식, 종업식 등 학교 행사가 있는 경우에도 아침맞이를 하며, 아이들에게 선물 및 간식들을 나누어 주어 사랑과 웃음이 가득한 등굣길을 만들어 왔다. 학부모회 회의인 학부모 다모임을

---

5   교육부 보도자료(2015.12.28.). 행복한 교육공동체를 위한 "학부모 학교참여 우수사례 공모전" 심사결과 발표

6   https//jwasam-p.gne.go.kr

매달 열고, 매주 월요일 아침에는 1, 2, 3학년을 대상으로 엄지책(엄마 지금 책 읽어주세요) 활동을 했다. 스승의 날에는 선생님들에게 감사를 표하는 현수막을 달고, 어린이날 행사로 등굣길 전통 놀이도 했다. 양산 교육지원청이 주관하는 "환경으로 키우는 학부모 리더십 과정"에 참여한 학부모들이 아이들과 함께 수업에 참여했다. 학부모회가 주관하고 학교와 협조하여 '좌삼 가족 캠핑'도 진행하고, 학교에서 직접 기른 배추를 아이들과 함께 다듬고 절이는 '김장담그기'에 3일 동안 참여한다. 아이들 축제인 학예제 "전나무 축전"이 저녁에 열려서 학부모들이 저녁 챙기기, 화장 및 헤어 담당 도우미 활동을 한다. 졸업식에 사용할 풍선 아치와 졸업생들에게 학사모를 전달하는 것도 학부모회의 역할이다.

학부모회는 학부모회장, 부회장, 총무, 감사, 학년 대표와 3개의 학부모 동아리 대표로 구성되어 있다. 학교에서 이루어지는 다양한 행사는 학부모회 임원진 회의와 학년 대표들과 동아리 대표들이 참여하는 대의원 회의를 거쳐 학부모 다모임에서 최종 의견 합의를 모아 진행한다. 이러한 학부모회 운영 방식은 학부모 참여율을 높이며, 학부모들의 적극적인 의견 제시 과정에서 학부모들 간 유대가 형성되고, 학교에 대한 자부심을 갖게 한다. 이러한 학부모회 활동을 바탕으로 "학교장과 함께하는 학교 사랑방"을 학부모회가 주체가 되어 교사들과 함께 진행하고 있다.

하지만 학교 측에서는 이러한 학부모회의 적극적인 활동들이 너무 학교 깊숙이 들어오는 듯한 부담감 때문에 부정적인 시각과 거부감을 갖기도 하여, 학부모회와 학교 측 사이에 오해가 생기기도 했다. 학부모회에서 이런 문제를 해결하기 위해 학교와 소통 시간을 늘려 학부모 다모임을 마치고 교장·교감 선생님과 학부모 담당 선생님과 학부모회의 건의 사항들 및 학교의 요구 사항들을 서로 조율하고 원만하게 문제들을 해결하게 되면서 학부모와 학교 사이의 오해나 부정적인 시각들이 사라지게 되었다. 교육 3주체인 학부모·학생·교사가 함께하는 다모임도 모두 세 차례 진행하여 서로 소통하는 방법을 배워가면서 학교공동체를 만들어가고 있다.

이러한 활동을 통해 학부모 활동이 늘어나면서 학교에 대한 학부모들의 자부심과 선생님에 대한 긍정적인 시각이 늘고, 학교와 아이들을 위해 도움이 되도록 돕겠다는 적극적인 태도가 나타나게 되었다. 환경 연수를 받은 학부모들이 수업에 참여하게 되면서 학교 교육과정에서 아이들과 의미 있는 시간을 보내게 되었고 학교와 선생님들을 이해하게 되었다. 선생님과 학부모 사이에 아이들과 민원이라는 불편한 관계가 좀처럼 좁혀지지 않던 어색함은 학교장과 함께하는 '학교 사랑방 모임'을 통해 서로 진솔하게 대화하는 과정을 거치게 되었고, 선생님도 학부모도 이름 앞에 붙는 직함이 다를 뿐, 다 같이 아이들을 사랑하고 아이들을 위해 같은 목표를 갖고 나아가는 존재라는 것을 더 잘 알게 되었으며, 학부모와 선생님 사이에 서로 응원하고 지지하는 관계가 되었다. 학교 홈페이지 및 가정통신문을 통해 "학생 학부모 참여예산제"와 참여 방법을 안내하고 학생·학부모가 인편, 우편 등으로 제안하거나 학부모회 또는 학생회를 통해 간접적으로 제안하도록 하고 있다. 취합된 의견을 담당 부서로 배정하여 수용, 일부 수용, 미수용, 기추진, 업무참고 등으로 검토하고 예산(안)에 반영하며 학교운영위원회에서 학생 학부모가 제안한 사업이 예산에 반영될 수 있도록 제안 취지 등을 충분히 설명하도록 하고 있다. 이러한 과정을 거친 예산편성 결과를 학교 홈페이지 "학생 학부모가 참여하는 학교

예산편성"에 예산 확정 후 7일 내에 공개하도록 하고 있다.[7]

좌삼초등학교는 학교 구성원들의 참여와 협력이 학교를 교육공동체로 만드는 근간이 된다는 것을 명징하게 보여준다. 전교생 60명 이하의 농어촌 학교라는 특성이 이러한 활동을 가능하게 했다고 할 수도 있다. 하지만 인구 격감으로 농어촌 학교에 폐교의 파고가 몰아치는 가운데서도 학부모 참여와 학교 구성원 모두가 함께하는 전통이 만드는 학교가 지속 가능한 학교가 될 수 있다는 것을 입증하고 있다.

교육 3주체가 함께 만드는 공동체 학교: 교육 3주체 생활협약

서울 선사고등학교는 2011년 개교한 혁신학교로, 신입생 오리엔테이션부터 '학교에서 어떤 것을 스스로 지킬 것인가?'에 대한 토론을 시작했다. 학생들은 학급 회의, 대의원 회의, 학생회, 운영위원회 등을 통해 학생 협약안을, 학부모회는 학부모협약안을, 교사들은 교사 협약안을 만들어 교사 21명, 학생 236명, 학부모 127명의 설문 조사를 하고 주체별 토론자를 선정하여 상호 공개 토론회 형식으로 공청회를 열었다. 가장 큰 쟁점은 두발, 화장, 귀피어싱 허용 여부였다. 두발 완전 자유화(염색, 파마 허용)의 경우 학생의 41%, 교사의 70%가 찬성했지만 학부모는 7%가 찬성하여 "두발, 화장, 피어싱은 개성 표현을 존중하되 공동체에 지나친 위화감을 줄 경우에는 '3주체 공동체 생활 협약 위원회'의 결정에 의해 시정을 요구할 수 있다"라고 합의했다.

---

7   http:// www. gne.go.kr/parents의 "경남 학부모, 학교를 만나다! 좌삼초등학교 소통, 소통,소통! 참여와 신뢰가 쑤욱 늘어나다"와 좌삼초등학교 홈페이지에 게재된 내용을 재구성함.

3주체 공동체 생활협약[8]

[교사의 약속]

① 체벌을 하지 않는다.

② 준비를 철저히 하여 학생이 지루하지 않게 참여하는 수업을 한다.

③ 학생의 자율을 존중한다.

④ 학생에게 기회를 균등하게 주고 학생 의견을 경청하며, 차별하고 비교하지 않는다.

⑤ 학생을 인격적으로 대하고, 감정적이고 모욕적인 언사를 하지 않는다.

⑥ 학생 개개인의 여건과 상황에 따라 일대일 상담을 많이 한다.

⑦ 학생들에게 친절하고 상냥하지만 혼낼 때는 단호하고 따끔하게 한다.

⑧ 칭찬을 많이 하고 학생의 작은 실수는 관용과 사랑을 바탕으로 이해해 준다.

⑨ 원인행위가 없을 경우는 학생의 소지품을 검사하지 않는다.

⑩ 학부모와 항상 거리낌 없는 대화와 상담을 한다.

⑪ 교사 각자의 학습 교육자료를 공유하고 힘든 일은 서로 도우면서 함께한다.

⑫ 항상 밝고 웃으며 많은 대화와 소통으로 즐거운 학교가 되도록 노력한다.

⑬ 촌지를 받지 않는다.

---

8 학생, 교사, 학부모가 공동으로 규정을 정하고 자율적으로 책임지는 약속이다. 이는 학교 공동체 구성원 간 민주적 합의에 의해 제정되었으며, 학생 인권을 침해하지 않으며, 각 주체 간 자율 준수 분위기를 조성하도록 운영하고 있다.

[학생의 약속]

① 수업시간에 졸거나 불필요한 잡담을 하지 않고 성실하게 수업활동에 참여한다.

② 교실, 복도 등에 껌이나 침을 뱉지 않고 쓰레기 없이 향상 교실을 깨끗이 사용한다.

③ 감정적 대꾸보다는 타인의 말을 존중하고 이성적 대화를 예의 바르며 소신 있게 한다.

④ 학생 상호 간에 욕을 하지 않고 존중하며 친절한 태도로 대한다.

⑤ 컴퓨터 사용 시간을 줄이고 게임을 자제한다.

⑥ 학교 비품을 파손하지 않고 아끼고 청결하게 사용한다.

⑦ 급식 시간에 새치기를 하지 않는다.

⑧ 교실, 복도 등에서 큰 소리로 떠들거나 장난치지 않고 정숙한 학습 분위기를 만든다.

⑨ 지정된 교복을 단정하게 입는다.

⑩ 거짓말, 핑계, 내숭을 떨지 않고 솔직하게 말한다.

⑪ 아침 일찍 일어나고 정리정돈과 청소를 자율적으로 한다.

⑫ 일과 중 무단 외출을 하지 않는다.

⑬ 서로 인사하며 배려하고 웃음이 넘치는 학교 분위기를 만든다.

⑭ 가정에서 외출할 때는 꼭 어른의 허락을 받는다.

⑮ 두발, 화장, 피어싱은 개성 표현을 존중하되 공동체에 지나친 위화감을 줄 경우에는 '3주체 공동체 생활 협약 위원회'의 결정에 의해 시정을 요구할 수 있다.

[학부모의 약속]

① 학교 일에 관심 갖고 적극적으로 참여하면서 서로 소통한다.

② 학교 일에 뒤에서 비난하지 않고 자신 있게 공식적 통로를 통해 의견을 개진한다.

③ 학생과 1주일에 한 번 이상 대화하고 학교생활에 관심을 갖는다.

④ 학생들의 사춘기 상황을 이해하고, 차분하고 냉정하면서 이성적인 대화를 한다.

⑤ 아침밥은 꼭 먹이며 군것질보다는 가정에서 가정을 챙겨준다.

⑥ 한 달에 한 번 이상 자녀와 등산, 영화 보기, 연극관람, 운동경기 등을 한다.

⑦ 친한 친구의 이름을 알고, 관심을 갖고 내 자식처럼 대한다.

⑧ 자녀의 자기 결정권(장래 희망, 꿈, 진학 진로 등)을 존중한다.

⑨ 타 학생과 비교하거나 간섭하지 않고, 잔소리보다는 자녀를 신뢰하며 인격적으로 존중한다.

⑩ 성적으로 모든 것을 평가하지 않고 인성적 측면에서 감싸준다.

⑪ 촌지를 주지 않는다.

⑫ 학생 앞에서 선생님을 비난하지 않고 학교의 교육적 전문성을 존중한다.

⑬ 잠을 충분히 재운다.

4~5년이 지나면서 '저거 내가 만든 거 아닌데, 선배들이 만든 건데'라는 학생들의 문제의식이 생겨나면서 2016년 생활협약 토론회를 열었다. 학생회에서 1학년과 2학년 대표가 패널로, 교사들은 새로 부임한 교사와 기존 교사 중에 1, 2학년 담임을 선정했다. 학부모 대표는

학부모 SNS에서 선정했다. 컴퓨터 사용 시간, 스마트폰 사용 시간을 줄인다는 조항은 진로에 따라 컴퓨터와 스마트폰을 더 사용해야 하는 학생들이 있어서 빼게 되었다.[9] 서울교육청이 교복 공론화 사업을 진행하면서 교복 관련 조항을 개정하기도 했다.

> 3주체 생활 협약 포럼을 준비하며 학부모 대표, 학생 대표, 교사 대표가 기존 약속의 중요도와 약속이 잘 지켜졌는지, 불필요하다고 생각하거나 추가하고 싶은 항목이 있는지 등을 조사합니다. 학년 초부터 준비 과정을 거쳐 1학기가 마무리될 때 설문 조사를 근거로 문구를 수정하거나 보완합니다. 만들어진 생활 협약은 교사회의에 발의한 뒤 확정 과정을 거치거나, 학생들의 찬반투표를 통해 최종 결정합니다. 이렇게 학생들이 에너지를 쏟고 무엇인가 기획한 것을 학교에서 받아들여 주는 과정 자체가 학생들에게 큰 만족감을 준다고 느낍니다. 학생들이 느끼는 행복감은 이러한 만족감에서 온다고 생각합니다.
>
> _김현주 선생님(인권상담안전부 대표)[10]

3주체 협약은 교사·학생·학부모가 자신의 역할과 책무에 대한 기준점을 마련하고 함께 합의하는 과정을 거친 산물이라는 점에서 의미가 있다. 2025 선사고 학생회에서는 독서토론캠프에서 "과학만능주의

---

9   https//m.blog.naver.com/seouledu2012/22075535136 선사고등학교의 특별한 생활협약: 2016 생활협약 토론회

10   서울교육(2022 봄호). [선사고] 쉼과 느림 속에서 무르익는 관계성의 승화, '선사인(sun-shine)'으로 빛나는 선사고등학교

와 인간의 존엄성"을 주제로 전문 강사를 초빙하여 개최하고, 동아리 '에코 선사'는 빗물 저장 탱크 만들기와 선사고 생태환경 조사하기 활동을 할 회원을 모집하는 등, 여전히 활발한 활동을 전개하고 있다.

선사고등학교에서 시작된 3주체 생활 협약은 혁신학교를 중심으로 확산했고, 지금도 전국 곳곳에서 이루어지고 있다.

충청북도 옥천군 동이면 동이초등학교는 2019년에 교육 3주체인 학생, 학부모, 교직원들의 자율성과 자치역량을 높이고 민주주의 원리를 통해 운영되는 행복한 학교를 만들기 위해 학생 자치회 중심의 다모임 활동과 스티커 투표, 학부모 협의와 설문 조사, 교사 협의를 통하여 동이초등학교 공동체의 약속인 "동이초등학교 생활협약"을 제정했다. 생활협약이 활성화되도록 실천하는 학생과 학부모의 인증샷을 학교홈페이지 게시판을 통해 올리면 소정의 상품을 주기도 했다.

행복한 학교를 만드는 동이초등학교 교육 3주체 생활협약

동이초등학교의 교육 3주체인 학생, 학부모, 교직원은 학교 구성원이 스스로 생활협약을 정하고 실천하는 자율적이고 평화로운 학교를 만들기 위하여 아래와 같이 학교 생활협약을 체결한다.

제1조(목적)
본 협약은 동이초등학교 학생, 학부모, 교직원 스스로 생활협약을 정하여 실천하고 평화로운 학교 만들기를 위하여 각 구성원이 지켜야 할 내용에 대한 협약 사항을 정함을 목적으로 한다.

제2조(협약 내용)

동이초등학교 학생, 학부모, 교직원은 상호 신뢰를 바탕으로 다음 각호의 협약 내용을 적극적으로 지킬 것을 약속한다.

학생의 약속

1. 건강한 생활을 위해 골고루 잘 먹고 규칙적으로 운동하겠습니다.
2. 집에서 외출할 때는 부모님에게 허락을 받고, 학교에 나오지 못할 때는 꼭 선생님께 연락하겠습니다.
3. 학교에서 친구들과 싸우지 않기 위해 고운 말만 사용하겠습니다.
   * 선생님을 존경하고, 선생님 말씀을 잘 따르겠습니다.

학부모의 약속

1. 아이들의 의견을 귀 기울여 듣고 소통하겠습니다.
2. 학교에서 어떻게 지내는지 꼭 이야기 나누겠습니다.
   * 학교와 가정의 소통을 위해 자녀의 알림장과 가방을 매일 확인하겠습니다.
3. 아이들과 함께 책을 읽겠습니다.
4. 아이들에게 사랑 표현을 아낌없이 하겠습니다.
   * 아이들의 실수에 감정 표현을 자제하고 '욱'하지 않겠습니다.

교직원의 약속

1. 웃으며 아이들을 맞이하겠습니다.
   * 항상 밝게 웃으며 대화와 소통으로 즐거운 학교가 되도록 노력하겠습니다.
2. 하루 한 번 칭찬하겠습니다.
3. 아이들 의견을 경청하고 사랑으로 가르치겠습니다.[11]

---

11 https://school.cbe.go.kr//dong-e/m01031601/ * 표시는 2019년 9월 20일 제정 당시의 조항임.

세종시 교육청은 '교육 3주체'가 서로 존중하고 신뢰하는 민주적 학교문화 기반 조성을 위해 '주체 생활협약' 제정·운영을 지원하고 있다. 2017년 6개 학교에서 찾아가는 3주체 생활협약 제정을 시작해 2018년 16곳, 2019년 21곳, 2020년 24곳에 2021년에는 30여 곳의 학교로 확산했다. 2017년 3주체 생활협약을 제정했던 소담고는 대안적 생활교육이자 민주적 학교공동체를 만들기 위해 주력했다. 3개월 남짓한 여정을 통해 소담고 학생들은 생각의 차이를 있는 그대로 경청하고 조정하며 타협함으로써 공동의 약속을 만들어내는 경험을 했다. 많은 대화와 토론의 시간 끝에 얻어낸 민주적 학교공동체의 결실인 셈이다.

3주체 생활협약을 제정한 어진중 학생들은 '지각하지 않기, 복장 올바르게 하기, 친구와 선생님께 예의 갖추기, 떠들거나 수업 분위기를 흐리지 않기' 등을 약속했다. 학부모의 약속은 '아이들의 꿈을 지지하기, 학교를 믿기, 선생님을 존중하기, 학교 교육에 관심 갖기' 등이다. 교사들은 '서로 배려하고 존중하기, 학부모와 친절한 태도로 소통하기, 학생들의 이름을 기억하고 불러주기, 사랑과 관심을 갖고 학생들을 지도하기' 등의 내용을 담았다. 이 같은 '약속'들은 자발적인 의지와 양심으로 지켜나갈 수 있다. 협약을 경험한 한 학부모는 "아이들에게 필요한 약속에 대해 한자리에 앉아 토론하다 보니 서로의 생각을 이해하고 존중하는 계기가 됐다"라며 "협약을 만드는 과정은 아이들뿐 아니라 학부모, 교사 모두가 성장할 수 있는 시간"이라고 말했다.[12]

혁신학교 운동에 바탕을 둔 교육 3주체 생활 협약은 일본의 열린학교 만들기 운동의 3자 협의회와 취지와 활동 방식에서 비슷한 모습

---

12 중도일보(2021.6.28.). 학생-학부모-교사가 만들어가는 약속 '존중·신뢰의 학교문화'

을 보인다. 일본에서는 '열린학교 만들기'라는 정책 용어가 있다. 문부성은 2000년대 이후 학부모와 지역사회 인사의 학교 참여를 활성화하는 제도를 도입하며, 이를 '열린학교 만들기'라고 표현한다. 그런데, 다른 한편으로, '열린학교 만들기'라는 이름의 현장 중심의 자발적 학교 변화 운동이 있다. 교사들이 중심이 되어 학생, 학부모와 학교 사안을 협의하여 결정하는 '삼자 협의회'를 운영하거나, 지역사회 인사까지 포함하는 '사자 협의회'를 운영하는 경우도 있다. 이런 현장 중심의 열린학교 운동에 찬동하여, 그 운동을 지원하는 연구자 집단이 있다. 열린학교 만들기를 추진하는 교사들과 연구자들은 "열린학교 만들기 연구회"를 결성하고, 매년 한 차례 각 학교 각 지역의 실천 사례를 소개하고 함께 성찰하는 집회를 이어가고 있다. 운동 10주년과 20주년을 맞이하여 주요 실천 사례와 성찰 내용을 책으로 엮어서 발표했다. 아래 소개하는 사례는 열린학교 연구회의 10주년 기념 책자에 실린 실천 사례다. 열린학교 만들기 연구회가 주관하는 집회와 기념 책자를 통해 여러 학교의 학교 변화, 특히 학생과 학부모의 학교 참여를 통한 학교 변화 사례가 일본 전국적으로 공유 전파되며, 다른 지역에서 유사한 실천을 촉진하고 있다.

타츠노고등학교의 "포럼"과 삼자 협의회에 의한 민주적 학교 만들기
미야시타 요헤이: 나가노현 아카호중학교 교사 / 도쿄대학 대학원생

제1장 「열린 학교 만들기」 ― ○○년

1. 참여 민주주의 ― 지역 대표자와 일반 시민의 참여로 인한 「포럼」의 성공

타츠노고등학교에서는 지역에서 평가가 좋지 않았던 학교를 '열린 학교 만들기'를 통해 개선하고자 했다. 이를 위해 지역 대표자들과의 '협의회'를 1년간 지속했으나 결국 실패했다.

실패 원인은 협의회가 교직원과 지역 대표자만의 의견 교환에 그쳤기 때문이다. 지역사회에서 평가가 나쁜 학생들에게는 오히려 더 많은 규제와 지도가 강화되었고, 교육위원장과 구청장들은 "학교에서는 복장과 머리 모양 등 규율을 강화하라"라는 요구만 강조했다. 이로 인해, "지역과 함께하는 학교"라는 목표와 달리 오히려 공공성이 배제되는 결과를 초래했다.

2. 협의 — 학생, 보호자, 교직원에 의한 학교 개선 선언 만들기

타츠노고등학교는 "학교 개선 선언 만들기"를 교직원 회의에서 논의하는 것에서 벗어나, 학생회와 PTA(학부모·교사 협의회)의 참여를 통해 진행했다. 이를 통해 학생과 보호자가 학교 개선 과정에 실질적으로 참여할 수 있게 했다. 학생들이 참여하게 되면서, 학교에 대한 부정적인 인식이 바뀌는 계기가 되었다. 특히, 지역 사회에서 학생들에 대한 평가가 나쁘다는 이야기가 전해질수록 학생들은 학교에 대한 소속감과 자신감을 더욱 잃어 갔다. 그러나 학생들이 협의 과정에서 보호자, 교직원, 지역 주민과 함께 논의하면서 자신들의 의견을 표현할 기회를 갖게 되었고, 이는 학생들이 자발적으로 지역 활동에 참여하는 계기가 되었다. 그 결과, 학생들은 스스로 결정할 수 있다는 자신감을 얻게 되었으며, 학교와 지역 사회의 만족도가 함께 상승하는 효과를 보였다. 이처럼 참여의식이 높아짐으로써 학교와 지역 사회의 협력 관계가 더욱 강화되었다. 이러한 과정에서 1980년, 학생과 보호자, 교직

원, 지역 주민의 네 집단이 함께하는 민주적 학교 만들기에 대한 논의
가 더욱 구체화되었다.

3. 합의의 형성 ― 아르바이트 관련 교칙 개정

삼자 협의회에서 아르바이트와 관련된 교칙 개정에 대한 협의를 진
행하면서, 합의에 도달하기까지 2년이 걸렸다. 이 협의를 통해, 교칙
의 본질적 의미에 대해 다시 생각해 볼 기회가 마련되었다. 당시 교칙
에는 '아르바이트 금지' 조항이 있었지만, 현실적으로 학생과 학부모는
이를 지키지 않고 있었다. 반면, 교사들은 아르바이트를 하는 학생을
발견하면 반드시 규칙을 지키도록 강요했다. 결국, 교칙의 의미에 대
해 깊이 고민한 결과, "규칙이란 지켜야 하는 것이지만, 그 존재 이유
를 찾아야 한다. 그 이유가 타당하지 않다면, 규칙을 변경할 수도 있
다."라는 결론에 도달했다. 이와 같은 논의는 학생들이 단순히 규칙을
따르는 존재가 아니라, 규칙을 함께 만들어가는 주체임을 인식하는
계기가 되었다. 이러한 논의 과정은 결국 학생, 교사, 학부모가 공동
참여하는 민주적인 학교 운영의 기반이 되었다.

4. 차이를 포용하다 ― 교칙 개정을 통한 복장 자유화

교칙 개정 논의는 약 3년간 진행되었으며, 이 과정에서 학생들은
교칙이 단순히 강제적인 규칙이 아니라 사회적 합의를 통해 바꿀 수
있는 것임을 깨닫게 되었다. 특히, 교칙 개정의 주요 논점 중 하나는
복장 규정 완화였다. 당시 교칙에서는 교복 착용이 의무화되어 있었으
나, 학생들은 자유 복장(사복) 허용을 요구했다. 논의 과정에서 학생들
은 교복과 자유 복장의 의미에 대해 깊이 고민하기 시작했다. 일부 학

생들은 교복이 학생의 정체성을 유지하고 학교생활에 대한 일체감을 형성한다고 주장했다. 반면, 다른 학생들은 개성을 존중받고 싶은 욕구를 표현하며, 복장 자유화가 필요하다고 했다. 이러한 의견 대립 속에 학생, 학부모, 교사, 지역 사회가 함께 참여하는 협의회가 열렸다. PTA(학부모·교사 협의회)와 교직원 회의에서도 자유 복장 허용에 대한 논의가 진행되었으며, 결국 학생들이 원한 방향으로 일정 수준의 복장 자유화가 이루어졌다. 학생들은 이 과정을 통해 자신들의 의견을 표현하고, 논의를 거쳐 합의를 이루는 경험을 하게 되었다. 단순히 규칙을 따르는 것이 아니라, 스스로 규칙을 만들고 변화시킬 수 있다는 민주적 절차를 체험한 것이다.

5. 소수자의 포용 ─ 두발 규정 개정을 둘러싼 대립과 합의

교직원 회의에서는 학생들의 머리 염색 금지에 대한 제안이 나왔지만, 협의 과정에서 합의에 이르지 못했다. 학생 생활 지도의 상위 규칙을 유지하려는 교사들과, 학생들의 개성을 존중해야 한다고 주장하는 학부모 및 일부 학생들 사이에 의견이 대립했다. 그러나 이러한 의견 차이는 협의를 통해 해결해야 할 문제였으며, 논의를 거듭하면서 점점 더 다양한 입장이 공유되었다. 결국, 삼자 협의회에서 학생, 교사, 학부모가 참여하여 문제를 논의하기로 했다. 일부에서는 "머리 염색을 금지해야 한다"는 기존 규정을 유지하려 했지만, 다른 한편에서는 "개인의 자유를 인정해야 한다"는 의견도 강하게 제기되었다. 논의 과정에서 민주주의의 기본 원칙인 '다수결'과 '합의 형성'의 균형 문제가 주요 쟁점이 되었다. 단순히 다수 의견에 따라 결정을 내리는 것이 아니라, 충분한 논의를 통해 소수 의견도 포용하는 방식이 필요했다. 그 결과, 두발 규정 개정은 "학교의 질서를 유지하면서도, 학생 개성을 존중하는 방향으로 점진적으로 변화시키는 것"으로 합의되었다. 이를 통해 학생들은 단순히 규칙을 따르는 존재가 아니라 스스로 규칙을 만들어가는 과정에 참여하는 경험을 하게 되었다.

6. 교육과정 만들기의 민주화 — 수업·커리큘럼 개선 및 학생 평가의 학생 참여

타츠노고등학교에서는 교사 인사 및 학교 운영 외에도 "학교 개선 선언"에서 수업과 교육과정 개혁에 대한 논의를 포함시키기로 했다. 이에 따라 교사와 학생이 협의회를 통해 수업 개선에 대한 의견을 교환하고, 학생들도 논의에 참여할 수 있게 되었다. 이전까지는 학생들이 단순히 평가를 받는 입장이었으나, 학생들이 교육과정의 일부를 결정하는 과정에 참여할 수 있도록 바뀌었다. 이를 통해 학생들은 수업 내용과 방식에 대한 의견을 자유롭게 표현할 수 있었으며, 교사들은 학생들의 학습 경험을 바탕으로 더욱 효과적인 교육 방법을 모색할 수 있었다. 또한, 학생회와 교직원 회의의 공동 논의를 통해 학생평가 방식에도 학생 참여를 확대하게 되었다. 이를 통해 일방적인 기존 평가 방식에서 벗어나, 학생 스스로 자신의 학습 과정과 성장을 돌아볼 기회가 마련되었다. 이런 과정이 지속됨으로써, 학교는 단순한 규율과 지도 중심에서 벗어나 학생과 교사가 함께 만들어가는 민주적 교육 공간으로 변모해 갔다.

이와 같이, 학생·학부모·교직원·지역 주민이 참여하는 학교 만들기를 통해 민주적이고 공공성을 갖춘 교육 환경을 조성할 수 있음을 밝했다. 학생들의 참여와 의견 표명 권리 보장 삼자 협의회를 통해 학생들이 학교 목표 설정, 연말 자기 평가 등에 직접 참여하게 되었다. 이를 통해 학생들은 학교에 대한 소속감과 책임 의식을 키울 수 있었다. 학교 운영에서 민주적 합의 형성 단순히 교사와 행정이 결정하는 방식이 아니라, 학생과 학부모, 지역 사회의 의견이 반영되는 협력적 의사 결정 과정이 자리 잡았다. 이를 통해, 학생들의 생활과 관련된 규칙(예: 두발 규정, 복장 규정, 아르바이트 정책 등)도 논의를 거쳐 합의된 방향으로 변화했다. 학생들은 기존의 수동적인 수업 방식에서 벗어나, 교육과정 및 수업 방식 개선 논의에 참여함으로써 자신들의 학습 경험을 능동적으로 형성할 수 있었다. 학교 평가 과정에서 학생 및 지역 사회 의견을 반영하는 기존의 일방적인 평가 방식이 아닌, 학생 및 지역 사회가 학교 운영과 교육의 질을 평가할 수 있도록 개선되었다.

민주적 학교 운영이 학생들의 권리 의식과 책임감을 키우고, 협력적인 학교문화를 형성하는 데 중요한 역할을 한다는 점을 확인할 수 있었다. 타츠노고등학교에서 이루어진 이러한 실천 사례는 다른 학교에서도 민주적 교육 환경을 구축하는 데 유용한 모델이 될 수 있을 것이다.

학교 만들기에 대한 참여와 지역사회 발전의 영향

학교 만들기 및 지역 사회 발전에 대한 참여를 통해, 학생뿐만 아니라 지역 주민들도 시민의식(시티즌십)과 주체성을 기를 수 있었다. 학생들이 적극적으로 활동하면서, 지역 사회의 어른들도 학생들의 성장에 영향을 받으며 변화하기 시작했다. 학생들은 자신감을 갖게 되었고,

지역 어른들도 학생들과 협력하는 과정에서 서로를 더욱 이해하게 되었다. 이를 통해, 학부모들은 단순한 소비자로서 학교를 바라보는 것이 아니라, 학교 운영 주체로서의 역할을 자각하게 되었다. 교사는 학생·학부모와 협력하여 학교를 개선할 수 있는 존재로 변화했다.

교사 중심주의적인 기존 운영 방식에서 벗어나, 교사들도 학생·학부모와 공동으로 학교 규칙과 교육과정을 논의하는 구조가 형성되었다. 이 과정에서 교사들 사이에서도 민주적인 소통과 협력의 중요성이 강조되었다. 학생회와 교직원이 정기적으로 교육과정 및 수업 연구를 진행하며, 협력적인 학교 운영 모델을 발전시켜 갔다. 이를 통해, 기존의 일방적인 교육 방식에서 벗어나 학생 주도형 학습 환경이 구축되었다. 학생회는 참여의식을 지속적으로 높이는 활동을 전개해야 하며, 학생들이 학교 운영에서 배제되지 않도록 노력해야 한다. 교사들은 민주적 교육을 실천하는 시스템을 유지하며, 학생들에게 민주적 절차의 중요성을 교육할 필요가 있다.

그동안의 혁신학교 운동과 학부모 참여 사업 등을 통해 우리는 서로 소통하고 서로 부족한 곳을 채워 가며 아이들을 위한 학교를 만들기 위한 동반자의 역할을 서로 확인했다.

학부모와 교사의 소통, 그게 제일 큰 것 같아요. 여러 사람이 혁신학교에 관해서 철학이나 다양한 관점을 말하는데, 본질은 정형화된 틀이나 시스템 혹은 정형화된 선진적인 수업방식, 이게 아닌 것 같고요. 소통, 그냥 이게 바람직한 학교문화를 만드는 데 결정적인 요인이냐… 그렇다고 답하기에는 좀 의심스럽지만 큰 요인인

것은 맞는 것 같아요. (교사 김○○)

학부모회가 있으면 학교에 도움 되는 게 많아요. 교사들이 미처 못 보는 걸 학부모들이 챙겨주는 게 있어요. 또 학교는 알지 못하는 아이의 상황, 특성 같은 걸 알게 되죠. 학부모회는 대의원회의를 주기적으로 하고 그 의견을 모아서 학교장과 수시로 간담회를 했어요. (교감 김○○)

학교는 총회 안내를 하고 진행은 학부모회가 자발적으로 하죠. 학부모회장이 당선되면 총회에서 전년도 사업을 보고하고, 임원 회의와 대의원 대회에서 사업계획과 예산안을 확정하고요. 예산도 신청하면 품의서와 법인카드 사용을 원칙으로 해서 지급하는데. 학부모님들이 절차가 복잡하지만 이 방법을 통해 학교를 위해 예산을 쓴다는 책임감도 알고 서로 신뢰를 쌓아서 좋은 면도 있다고 해요. (교사 강○○)

학교 매점에서 파는 아이들 간식이 식재료와 첨가물이 문제가 너무 많다는 걸 우연히 알게 됐어요. 학교와 학부모회가 여러 논의를 거쳐서 학부모회가 아이들에게 좋은 먹을거리도 제공하고, 매점을 협동조합식으로 운영해서 수익금을 아이들에게 쓰고, 남는 것은 사회에 지원한다는 취지로 운영하게 됐죠. 학부모회 규정에 사회적경제협동조합 대표는 학부모회 임원을 겸하게 되어 있어요. (학부모 이○○)[13]

---

13   박범이(2019). 혁신학교 학부모의 교육인식에 관한 연구, 홍익대학교 석사학위논문

내가 행복지수가 높아지자 '아이들의 행복한 중학교 생활을 위해 어떤 일을 할 수 있을까?'라는 궁금증과 주변을 돌아보는 여유도 생겨, 모두가 즐겁고 기억에 남는 학교생활을 위한 아이디어들을 독서 동아리 학부모님들과 자연스럽게 나누는 시간을 갖게 되었다. (마산여중 학부모)[14]

이러한 교육 3주체가 서로 존중하고 협력하여 학교를 민주적 교육공동체로 만들어가기 위한 노력은 서울의 초등학교 사건 이후 안타깝지만 퇴행적인 모습을 보이고 있다. 조희연 전 서울 교육감은, 안타까운 사건이 벌어지게 된 것은 민주화의 '그늘'로 주체별로 자유와 권리를 주장하게 된 민주적 학교에서 자기 생각을 타인에게 관철하기 위해 자신의 견해만을 최대주의로 내세우는 갈등이 심화했기 때문이라고 진단했다. 해결 방안으로 내세운 '공동체형 학교'는 교사의 역할이 중심이 되고, 교사를 중심으로 모두가 당당하면서도 '관계'가 공동체적이어야 하며 학생에 대한 교사의 존중심, 교사를 향한 학생의 존경심, 학교에 대한 학부모의 협력심으로 교육적 관계를 회복하자고 제안했다. 교사의 교육활동 보호 종합대책의 현장 안착을 위한 지속적인 노력과 이를 위한 조직 재구조화, 새로운 교권침해 유형 적극 대응과 학생인권조례 보완 및 공동체형 인성교육 시행을 주요 사업으로 전개한다고 밝혔다.[15]

교권의 최소한의 안전판을 만드는 것을 정책의 우선순위로 둘 수

---

14   http://www.gne.go.kr/parents의 "경남 학부모, 학교를 만나다! 다시 10대의 감성으로 소통하며 함께하는 학부모회"
15   서울시교육청(2024.1.24.). 신년 기자회견문

는 있을 것이다. 하지만 학생과 학부모의 일부 일탈 행위를 막기 위해 학생을 분리하고 학부모를 민원 대응 시스템으로 응대하는 방식이 중심이 될 때 공동체형 학교는 만들어지기 어렵다.

2011년 선사고등학교에서는 교사와 학생, 학부모가 서로의 역할을 정립하고 화장, 교복 착용 등 입장이 다른 사안을 논의하고 합의해 가는 과정에서 자연스레 공동체형 학교를 구축했다. 지난 10년 동안 대부분 지역의 학교에서는 조례 수준이지만 학부모회 활동을 보장하고 지원하는 체계가 마련되었고, 학생회 활동의 제도적인 기반이 마련되었다. 학부모 참여 활동을 학교 운영 과정에 반영하고, 모임 공간을 학교 안에 확보하고 운영비를 지원하여 자치활동을 보장하는 학교를 만들어가야 한다. 학생과 학부모는 학생회와 학부모회를 통해 의견을 개진하고 교육 3주체 협약으로 발전시켜 가야 한다. 학교 구성원 간의 불가피한 갈등을 겪게 되면 학교장을 중심으로 문제를 해결하고 학교 차원을 넘어서는 과제는 교육청의 지원을 받아 해결해 가는 시스템을 구축해 가야 한다.

교사와 학부모, 어디로 가야 하는가? 그것은 이러한 실천적인 노력을 통해 학교를 민주적 교육공동체로 만들어가는 '쉽지 않은 길'에 동반자로 서는 일이다.

학교교육의 긴 역사를 떠올려보면 교사와 학부모 간에 갈등이 심했던 일은 찾아보기가 쉽지 않다. 둘 사이의 관계가 늘 좋았던 것은 아니지만, 서로가 서로에게 권리를 주장할 만한 형편이 아니었기 때문이다. 단적으로 말하면, 오랫동안 학부모들은 학교교육에 관하여 무권리 상태에 있었다고 해도 틀린 말은 아니다. 갈등은 양자가 비교적 대등한 힘의 관계에 있을 때 발생할 소지가 크다는 사실을 염두에 두면, 저간의 사정을 짐작할 수 있다.

그런데, 근래 교사와 학부모 사이에 안타까운 일이 계속 일어나고 있다. 학부모들의 악의적 요구에 시달리던 교사들의 아픔이 한동안 세상에 많이 알려졌다. 초등학교 1학년 아이가 교사에 의해 죽임을 당한 사건은 우리 사회에 큰 충격을 주었다. 극단적인 일까지는 아니라 하더라도 학교가 '교육 불가능한 공간'이 되어간다는 지적이 여기저기서 나오고 있다. 이 말은 현실화하고 있으며, 학부모를 그 원인 중 하나로 지목하는 교사들을 찾아볼 수 있다. 학부모들의 부당한 요구 때문에 교사들이 교육활동을 수행하기 어렵게 되었다고 하는 교사들이 적지 않다. 반면, 서이초 교사 사건 이후 학부모들이 학교에 가는 일이 매우 어렵게 되고 교사들이 방어적으로 교육활동을 수행하는 일이 확산하고 있다. 이런 변화에 불만을 품은 학부모도 늘고 있다. 이는 앞으로 또 다른 갈등의 씨앗이 될 것으로 보인다.

문제가 있다면 해결해야 한다. 많은 사람이 교사와 학부모 관계에 문제가 있다고 생각하고, 그 문제를 해결하고자 노력한다. 지난 두세 해 동안 교사들은 물론이고 교육부나 국회까지 많은 사람이 법률을 바꾸어 문제를 해결하고자 노력해오고 있다. 그런데, 문제 해결 방향이 제대로 잡힌 것인지 물을 필요가 있다. 학교폭력은 심각한 문제였고, 법률을 정비하면 학교폭력이 사라질 것으로 기대하던 시절이 있었다. 그러나 학교폭력에 관한 법률을 정비한 후에도 학교폭력이 사라진 것은 아니다. 오히려 은밀한 형태의 폭력이 더 확산하고 있다는 소식마저 들린다.

'문제'는 누가 어떤 입장에서 그것을 바라보느냐에 따라 서로 다른 다양한 모습을 드러낸다. 작금의 교사와 학부모 관계를 교사의 위치에서 바라볼 때와 학부모 입장에서 바라볼 때, 그 모습은 같지 않다. 교사 입장에서는 학부모들이 학교에 와서, 또는 교사들에게 이런저런 요구를 하는 일이 문제일 수도 있지만, 학부모들 중에는 학교나 교사에게 하고 싶은 말을 편안하게 다 하지 못하는 것이 문제일 수 있다. 어떤 문제를 해결하려 할 때, 제일 먼저 생각해야 할 일은 여러 가지 관점이나 입장에서 그 문제를 바라보는 것이다. 이 점에서 생각하면, 젊은 교사에게 일어난 안타까운 사건으로 폭발한 분노가 너무 커서인지, 우리는 여러 가지 관점에서 오늘의 학교, 교사와 학부모 관계를 바라볼 여유를 갖지 못했다. 그만큼 문제를 폭넓게 바라볼 수 없었다는 뜻이기도 하다.

이런 점에서 보면 교사와 학부모 관계의 역사를 돌아보고, 다른 나라의 사례를 검토해보는 것이 우리의 시각을 열어줄 수 있다. 한국교육에 국한하여 보면, 교사와 학부모 관계가 바뀌고 있는 것은 길게 잡아도 지난 삼십여 년 사이의 일이다. 아주 긴 시간이라고 볼 수도 있지만, 그렇지 않을 수도 있다. 오랫동안 진행해 온, 그래서 뿌리 깊은 문제라면 어떻게 손을 써볼 도리가 없다고 체념할 수도 있지만, 삼십 년 된 문제라고 한다면 그래도 힘을 내서 노력해볼 만한 것은 아닐까?

외국에도 교사와 학부모 간 갈등 사례가 있고, 각국은 나름대로 갈등을 예방하거나 해결하기 위한 제도를 발전시켜오고 있다. 이 책에서도 살펴보았듯이 외국 사례에서 갈등 해결 절차에 눈길이 가지만, 더 중요한 것은 학부모들의 학교 참여 제도를 충실하게 갖추고 운영하는 사례들이다. 지난 두세 해 동안 교사와 학부모의 갈등 문제 해결을 위해 여러 가지 노력을 해오고 있지만, 학부모의 학교 참여를 활성화하기 위한 노력은 거의 이루어지지 않았다. 오히려 학부모들을 뭔가가 결핍된 존재, 따라서 교육받아야 하는 존재로 보는 시각이 강화되었다. 이런 변화에 대해서는 비판적 검토가 필요하다.

법률로 교사와 학부모 관계를 개선할 수 있을까? 법률은 모든 사람에게 어떤 상황에서나 적용할 수 있는 일반적·추상적 규범이라고 한다. 현실 속에서 교사와 학부모 관계는 다양한 양상을 띤다. 개별적·구체적으로 검토할 필요가 있는 것이다. 이런 사안을 법률에 담고 법률로 규율하기는 쉽지 않다. 모든 구체적인 사안을 고려하여 매우 촘촘하게 법률을 만들면 될 거라고 생각할 수도 있지만, 이 경우 법률은 형편없는 누더기가 되기 십상이다. 서이초 교사 사건 이후 황급히 법률을 바꾸고, 개정 법률이 이제 막 시행되는 시점에서 더 구체적인 내용을 추가하는 식으로 법률을 개정하는 일이 논의되는 상황은 이런 형편을 보여준다. 앞으로도 법률을 개정할 일은 계속될 것이다.

법원이 모든 문제를 해결해줄까? 갈등은 일반적 현상이다. 갈등 해결 방법이 하나만 있는 것은 아니다. 법원은 마지막으로 향하는 곳이다. 대개 법원에서 갈등을 종결하지만, 법원에 들어갔다가 나올 때 손을 맞잡고 나오는 경우는 없다. 법원은 갈등 당사자 간에 승자와 패자를 가릴 수는 있어도, 그들의 화해를 주선하는 곳은 아니다. 교사-학부모 관계에서 일어나는 모든 일이 합법 아니면 불법으로 구획되지는 않는다. 합법도 불법도 아닌 제3의 영역이 존재한다. 법원은 모든 사안을 합법과 불법이라는 두 가지로 나눌 뿐이다. 애초 두 가지로 나눌 수 없는 일에 두 가지의 딱지만 준비하고 있는 셈이니, 법원이 문제를 잘 해결할 수도 없다.

교사-학부모 관계에 법률과 법원이 주인공으로 등장하고 있다. 그런데, 이들이 주인공 역할을 잘 해나갈 것 같지 않다. 오히려 촘촘한 법률은 교사들의 생각을 제한하고 자율성을 해친다. 법원은 교사와 학부모들의 대화를 막아설 것이다. 학교폭력 법률로 인하여 학생 생활지도가 교사의 손에서 벗어나고, 그만큼 교사의 역할이나 전문성이 침해된 것처럼, 교사와 학부모 관계에 관한 법률은 또다시 교사들의 전문성을 침식할 우려가 있다. 아울러, 근래 강화되는 법률과 법원에 의존하는 경향은 교사와 학부모 사이에 학교교육을 둘러싼 소통과 협력을 차단할 가능성이 커 보인다. 이것은 바람직한 일일까?

아이를 키우는 일은 '공산성(共産性)'을 지닌다. 가정에서도 엄마와 아빠가 협력해야 아이를 잘 키울 수 있다. 하물며 학교교육에서는 공산성이 매우 중요하다. 교사는 물론 학부모들, 나아가 지역주민들까지 모두 힘을 합해야 아이를 제대로 키울 수 있다. 힘을 모으는 과정에서 다툼이 일어날 수도 있지만, 그 다툼을 슬기롭게 해결해가는 과정 또한 교육이며, 아이들에게 배움의 소재가 된다. 지금 우리에게 필요한 것은 잘 만들어진 법률이 아니라 '모든 아이는 우리 아이'라고 생각하고 아이들을 함께 키우는 어른들의 협력과 지혜다.

[국내 문헌]

고전(2012). 교권 보호법제화의 쟁점과 과제, 교육행정학연구, 30(4), 53-72.

김기수, 곽상경, 박재원, 정유진, 채희태(2021a). 공교육 강화를 위한 학부모 역할 연구, 경기도교육연구원.

김기수(2024). 학부모의 시각으로 본 서이초 사건과 교육 현실. 교육비평, 55, 50-84.

김기수(2024). 학부모의 학교 참가 제도에 관한 토론. 대한교육법학회 2024 년 비교교육법포럼(학부모의 학교 참가 제도) 토론문.

김명희, 황성희, 심현기, 안아영(2023). 학부모의 학교 참여 실태 분석 및 개선 방안: 초등학교를 중심으로. 서울: 서울특별시교육청교육연구정보원.

김범석(2020). 학교생활기록 기반 교육평가 장치의 계보학. 박사학위논문. 한국교원대학교.

김범주(2023). 학생생활지도(분리)현장 안착을 위한 국회정책 토론회 주제 발표문. 시도교육감협의회, 국회교육위원회 강민정, 도종환, 서동용 의원실 공동주최.

김성천(2024). 교사들의 방어적 교육활동의 양상과 비판적 성찰—서이초 사건 전후의 흐름을 중심으로—. 교육비평, 55, 119-177.

김세희(2024). 프랑스 학부모의 학교교육 참가 제도. 대한교육법학회 2024년 비교교육법포럼 발표 논문.

김영빈(2021). 다중흐름모형 확장을 통한 교원지위법 개정 흐름 분석. 지방교육경영, 24(1), 99-125.

김용(2017). 법화사회의 진전과 학교 생활세계의 변용. 교육행정학연구, 35(1), 87-112.

김용, 양희준, 장귀덕, 한만중, 안영은(2023). 학교교육 당사자 간 관계의 변화 및 대응에 대한 정책입법 분석—교원과 학부모 관계를 중심으로—. 서울: 서울특별시교육청교육연구정보원.

김용, 김기수, 박미자, 한만중, 김수진(20214). 지속가능한 교육공동체로 변화를 위한 학부모의 학교 참여 제도화 연구. 43-81.

김운종(2013). 교권보호조례를 통해서 본 교권의 재음미. 한국교육교육연구, 30(4), 79-94.

남궁수진(2023). 학부모는 교문 안으로 들어올 수 있는가. 오늘의 교육, 77, 57-76.

노한나(2012). 교사와 학부모 간에 이루어지는 의사소통과 학생들의 학업성취 및 학급활동과의 관계. 석사학위논문. 창원대학교.

마티아스 도프케(2020). 기울어진 교육. 서울: 메디치미디어.

문영희(2014). 「학교폭력 예방 및 대책에 관한 법률」상 가해학생 조치에 관한 비판적 검토. 법과정책, 14(4), 1905-1932.

박남기(2024). 학생 성장과 구성원 행복을 위한 학교공동체 조성. 서울교육 2024년 봄호. 서울교육청.

박범이(2019). 혁신학교 학부모의 교육 인식에 관한 연구. 석사학위논문. 홍익대학교.

박석균, 박재원, 이장원(2024). 선생님, 나는 당신입니다. 서울: 교육언론 창.

박신욱(2024). 독일의 학부모 학교 참여 법제 분석. 교육법학연구, 36(3). 29-48.

박희진(2024). 건강한 관계맺기를 위한 학교공동체 세우기: 새로운 '이야기'가 필요하다. 서울교육, 2024 봄호(254).

서현수(2023). 9·4 집회 이후 학교 교육과 교육공동체의 미래에 관한 세종 MZ 교사 숙의포럼 실행 연구 보고서. 세종교육연구소.

손순송(2013). 편안한 협력자 또는 불편한 감시자: 초등학교 교사의 학부모에 대한 감정 연구. 한국교원대학교.

송경오(2024). 회복과 진전을 위한 통합적 교원정책 모색. 한국교육정책연구원 2024년 하반기 정책 세미나.

송원재(2024). 교사가 아프다. 서울: 살림터.

신수경(2021). 아동학대 관련 법제도의 문제점과 개선방안―관련 법령과 업무개편 내용을 중심으로―공인과 인권, 제21권, 285-328.

안선회(2018). 학생부 중심 대입제도의 추진 과정과 정책 문제 분석. 교육문화연구, 24(6), 87-116.

오성철, 강일국, 박환보, 김영화, 장상수, 황병주, 이윤미(2015). 대한민국 교육 70년. 서울: 대한민국역사박물관.

이민경(2009). 프랑스 학부모의 학교교육참여. 교육문제연구, 34, 58-80.

이상수(2024). 학교교육에서 이해당사자 간의 관계를 둘러싼 헌법적 쟁점 (pp.147-148). 법제처.

이수광(2023). 학부모, 교육 주체로 다시 호명하기. 오늘의 교육, 77, 82-83.

이숙정(2004). 교사신뢰척도 개발 및 교사신뢰와 학교효과 변인의 관계모형 검증. 숙명여자대학교.

이윤경(2024). 학부모의 참여 없이 악성 민원을 방지할 수 있을까?. 무엇이 학교를 전쟁터로 만드는가? 토론회 자료집(p.5-7).

이전이, 김종민, 엄수정, 홍혜영(2022). 학부모와 교사 간의 상호 신뢰 강화 방안. 경기도교육연구원.

이현, 김용, 박대권(2023). 우리 자녀의 입시는 공정한가. 서울: 지식의 날개.

전제상(2010). 교원성과상여금제도의 운영실태 평가. 한국교원교육연구, 27(3), 69-92.

조예진, 송효준(2023). 학부모 참여적 학교 문화 조성의 '교육적' 효과: 경제
　　문화적 취약계층 학생을 중심으로. 교육정치학연구, 30(4), 245-267.

최서지(2023). 미국의 교사 교육활동 보호 입법례. 최신 외국입법정보, 2023-
　　16. 서울: 국회도서관.

한만중(2024). 교권 5법 개정에 대한 평가와 현장의 변화. 교육비평, 55,
　　8-49.

현장교원정책TF연구보고서(2023). 현장교사들이 생각하는 학교교육 정상화
　　를 위한 현 정책에 대한 해결 방안 연구.

홍신기(2014). 주요국의 교권 보호 방안에 대한 사례 연구. 학습자중심교과
　　교육연구, 14(1), 21-48.

[국외 문헌]

東京都教育相談センタ(2022). 学校問題解決のための手引き―保護者との対話
　　を生かすために―.

東京都教育相談センタ(2024). 学校問題解決のための手引き―保護者との対話
　　を生かすために―.

小野田 正利(2008). 学校と保護者の良好な関係性構築のための ワークショップ
　　実践. 日本教育経営学会紀要, 50. 82-90.

小野田 正利(2011). モンスターペアレント論を超えて―保護者の思いと背景を読
　　み取る. 日本小児看護学会誌, 20(3). 97-102.

中央教育審議会(1996). 21世紀を展望した我が国の教育の在り方について.

中央教育審議会(1998). 地方教育行政の在り方について.

中央教育審議会(2003). 初等中等教育における当面の教育課程及び指導の充
　　實・改善方策.

Wisbrun & Eckart(1992). Hierarchy of parental involvement in schools.
　　In L. Kaplan (Ed.), Education and the family. Boston, MA: Allyn&
　　Bacon. pp. 119-131.

[신문기사, 보도자료 등]

강원도민일보(2024.5.7.). 현장체험학습 vs 교육과정 파행 '갈등의 골'.

경향신문(1984.3.28.). 서울高法 原審 확정―訓戒 목적 體罰은 不法 아니다.

경향신문(2023.8.2.). 교사 학부모 갈등 연구 38년 … 오노다 교수 "새로운 제
도보다 사회적 합의가 중요."

경향신문(2023.8.27.). 미국에서도 '교권침해' 시달리는 교사들 … "가르치기
두렵다."

경향신문(2024.7.17.). 서로 선 긋는 교실 모두 무기력해졌다.

경향신문(2024.8.8.). "학부모를 말릴 수 있는 건 학부모" … 학폭갈등 해결,
엄마들이 나섰다.

교사노동조합연맹(2023.12.8.). 정당한 교육활동 아동학대 제외 아동학대처
벌법 국회 의결 환영

교육부(2024.4.30.). 모든 학생의 건강과 성장을 위한 학부모 정책의 방향과
과제.

교육부(2024.5.22.). 교육활동 후속 조치, 현장의 체감 개선에 중점. 보도자
료.

교육플러스(2024.11.8.). 학부모-학교 갈등? … 서울 천왕초, "우리는 모여서
대화로 해결해요."

교육플러스(2025.1.8.). 일본 문부과학성, 학교 민원 접수 민간사업자에 위탁.

뉴스토마토(2023.11.28.). 서울시교육청, '악성 민원' 학부모 고발.

뉴스티앤티(2023.9.29.). 대전시교육청, '故 대전 용산초 교사 관련 진상조사'
결과 발표.

대전일보(2023.10.11.). 학부모 대상 공개수업 교사가 거부(?).

동아일보(1969.1.27.). 新興私大建物은 牛骨塔.

동아일보(1988.8.17.). 사설. 교육풍토 정화를.

동아일보(2023.11.24.). 미국 교사들이 학교를 떠나는 이유.

민들레(2023.8.4.). 미국의 교권보호 … 학부모→교사 개인전화 못 한다.

BBC NEWS 코리아(2020.3.1). 헬리콥터 부모: 유럽을 휩쓰는 미국식 양육.

서울경제(2023.9.4.). 서이초 교사 49재 추모집회 … "우리는 그동안 너무 잘 참았다" 울분.

SBS(2023.8.26.). 교사들 6만 명 모여 대규모 집회 … '학교 멈춤' 갈등 고조.

에듀인뉴스(2017.5.29.). 교육권의 논리와 당사자 간 권리 의무의 구조.

에듀프레스(2020.12.16.). 교원 성과상여금이 만든 학교의 민낯.

연합뉴스(2023.8.12.). 비 와도 대규모 교사 집회는 그대로 … 6개 교원단체도 동참.

연합뉴스(2024.6.26.). 초등교사 10명 중 8명 이상 "정서 위기 학생 때문에 교육 방해".

연합뉴스(2024.9.26.). 교총, 국회 교육위에 "학생인권법안 철회" 의견서 전달.

전교조(2024.5.13.). 교권보호 대책 실태조사 결과 발표(스승의 날 주간 특별 기획 설문—학교 민원 대응—학생 분리 조치 실태조사). 보도자료.

전교조(2024.7.22.). [공동성명] 정서적 아동학대 구성 요건 명확화, 수업방해 학생 분리, 폭력행사 학생 제지 입법 반드시 필요합니다.

전북도민일보(2023.9.12.). 식지 않는 '노랑버스' 사태 … 유예에도 현장체험학습 줄취소, 추억 속으로 사라질까.

조선일보(2023.9.29.). 학부모, 학교는 편의점처럼 생각하고 자기 책임은 뒷전 … 정부 차원 대책 지속돼야. 오노다 마사토시 오사카대 명예교수 인터뷰

조선일보(2008.11.16.). 교사 잡는 일본 학부모 '몬스터 페어런트'.

조선일보(2023.7.22.). 교사 5000명, 검은 옷 입고 서이초 교사 추모집회 '생존권 보장하라'.

조선일보(2023.8.19.). "억울한 교사 죽음 진상 규명하라" … 교사 3만 명 국회서 결집.

좋은교사모임(2022.11.23.). 정서행동 위기학생 문제 해법 모색 2차 토론회 결과. 보도자료.

좋은교사운동(2024.10.21.). [성명서] 최근 3년 자해 관련 위기관리위원회 개최 실태 발표.

좋은교사운동(2024.5.13.). 3주체의 단절된 관계를 다시 연결하는 '교육공동체 회복 대화 모임' 메뉴얼 배포. 보도자료.

중앙일보(2018.5.10.). 수시는 어떻게 대세가 됐나.

중앙일보(2023.7.29.). 폭염 속 검은 옷 입은 전국 교사 3만 명 … "기본 인권조차 없다."

참교육학부모회(2024.7.19.). 공동성명서: 아동복지법 및 초중등교육법 개정안에 대한 심각한 우려를 표명한다.

초등학교 학부모 교권침해 민원 사례 2077건 모음집(2023).

한겨레(2023.9.2.). [현장] 검은 옷 입은 교사 30만 명 "악성 민원, 남 얘기 아냐."

한겨레(1988.7.10.). 정략타협 교육법 반대, 교사에 노동 3권 줘야.

한국교육신문(2020.2.5.). '계륵' 교원성과급, 이제 결단이 필요하다.

한국교총(2024.5.13.). 제43회 스승의 날 기념 교원인식설문조사 결과 발표. 보도자료.

한국교총(2024.5.13.). 보도자료: 제43회 스승의 날 기념 교원인식설문조사 결과 발표.

한국일보(2019.10.1.). [박남기의 중심잡기] 기초학력 미달 대처의 새 패러다임.

한국일보(2023.7.31.). "학부모 악마화는 해법 아냐" 교권 붕괴 먼저 겪은 일본서 배운다. 오노다 마사토시 명예교수 인터뷰.

한국일보(2024.10.30). 특수 교사 사망 … "중증 학생 많은 과밀학급서 과중한 업무".

한국일보(2024.9.19.). '교권침해'로 신고당한 고교생 … 학교장 상대로 승소.

NEWYORK TIMES(2020.8.29.). How to Forge a Solid Parent-Teacher Relationship.

[그 외 온라인 자료]

한국교육개발원 교육정책네트워크 해외교육동향: 국가별 학부모 학교 참여
　　실태

https://edpolicy.kedi.re.kr/

Parent-Teacher Conferences: Tips for Teachers.

https://kidshealth.org/en/parents/parent-conferences.html

Sheridan, S. M. (n.d.). Establishing healthy parent-teacher relationships
　　for early learning success. Nebraska Center for Research on
　　Children, Youth, Families & Schools, University of Nebraska-
　　Lincoln.

https://earlylearningnetwork.unl.edu/2018/08/29/parent-teacher-
　　relations

삶의 행복을 꿈꾸는 교육은
어디에서 오는가?

● **교육혁명을 앞당기는 배움책 이야기** 혁신교육의 철학과 잉걸진 미래를 만나다!

미래 100년을 향한 새로운 교육

혁신교육을 실천하는 교사들의 **필독서**

● 비고츠키 선집 시리즈 발달과 협력의 교육학 어떻게 읽을 것인가?

혁신학교	성열관·이순철 지음 l 224쪽 l 값 12,000원
행복한 혁신학교 만들기	초등교육과정연구모임 지음 l 264쪽 l 값 13,000원
서울형 혁신학교 이야기	이부영 지음 l 320쪽 l 값 15,000원
혁신교육, 철학을 만나다	브렌트 데이비스·데니스 수마라 지음 l 현인철·서용선 옮김 l 304쪽 l 값 15,000원
대한민국 교사, 어떻게 가르칠 것인가?	윤성관 지음 l 320쪽 l 값 15,000원
아이들을 어떻게 가르칠 것인가	사토 마나부 지음 l 박찬영 옮김 l 232쪽 l 값 13,000원
모두를 위한 국제이해교육	한국국제이해교육학회 지음 l 364쪽 l 값 16,000원
경쟁을 넘어 발달 교육으로	현광일 지음 l 288쪽 l 값 14,000원
혁신교육 존 듀이에게 묻다	서용선 지음 l 292쪽 l 값 16,000원
다시 읽는 조선 교육사	이만규 지음 l 750쪽 l 값 37,000원
교실 속으로 간 이해중심 교육과정	온정덕 외 지음 l 224쪽 l 값 13,000원
대한민국 교육혁명	교육혁명공동행동 연구위원회 지음 l 224쪽 l 값 12,000원
포스트 코로나 시대의 교육	성열관 외 지음 l 224쪽 l 값 15,000원
내일 수업 어떻게 하지?	아이함께 지음 l 300쪽 l 값 15,000원
핀란드 교육의 기적	한넬레 니에미 외 엮음 l 장수명 외 옮김 l 456쪽 l 값 23,000원
한국 교육의 현실과 전망	심성보 지음 l 724쪽 l 값 35,000원
독일의 학교교육	정기섭 지음 l 536쪽 l 값 29,000원
교실 속으로 간 이해중심 통합교육과정	온정덕 외 지음 l 224쪽 l 값 15,000원
초등 백워드 교육과정 설계와 실천 이야기	김병일 외 지음 l 352쪽 l 값 19,000원
학습격차 해소를 위한 새로운 도전 보편적 학습설계 수업	조윤정 외 지음 l 240쪽 l 값 15,000원

● 경쟁과 차별을 넘어 평등과 협력으로 미래를 열어가는 교육 대전환! 혁신교육 현장 필독서

학교의 미래, 전문적 학습공동체로 열다	새로운학교네트워크·오윤주 외 지음 l 276쪽 l 값 16,000원
마을교육공동체 생태적 의미와 실천	김용련 지음 l 256쪽 l 값 15,000원
학교폭력, 멈춰!	문재현 외 지음 l 348쪽 l 값 15,000원
학교를 살리는 회복적 생활교육	김민자·이순영·정선영 지음 l 256쪽 l 값 15,000원
삶의 시간을 잇는 문화예술교육	고영직 지음 l 292쪽 l 값 16,000원
미래교육을 디자인하는 학교교육과정	박승열 외 지음 l 348쪽 l 값 18,000원
코로나 시대, 마을교육공동체운동과 생태적 교육학	심성보 지음 l 280쪽 l 값 17,000원

대전환 시대 변혁의 교육학	진보교육연구소 교육과정연구모임 지음	400쪽	값 23,000원
교육의 미래와 학교혁신	마크 터커 지음	전국교원양성대학교 총장협의회 옮김	336쪽	값 18,000원
남도 임진의병의 기억을 걷다	김남철 지음	288쪽	값 18,000원
프레이리에게 변혁의 길을 묻다	심성보 지음	672쪽	값 33,000원
다시, 혁신학교!	성기신 외 지음	300쪽	값 18,000원
백워드로 설계하고 피드백으로 완성하는 성장중심평가	이형빈·김성수 지음	356쪽	값 19,000원
우리 교육, 거장에게 묻다	표혜빈 외 지음	272쪽	값 17,000원
교사에게 강요된 침묵	설진성 지음	296쪽	값 18,000원
왜 체 게바라인가	송필경 지음	320쪽	값 19,000원
풀무의 삶과 배움	김현자 지음	352쪽	값 20,000원
비고츠키 아동학과 글쓰기 교육	한희정 지음	300쪽	값 18,000원
교사에게 강요된 침묵	설진성 지음	296쪽	값 18,000원
마을, 그 깊은 이야기 샘	문재현 외 지음	404쪽	값 23,000원
비난받는 교사	다이애나 폴레비치 지음	유성상 외 옮김	404쪽	값 23,000원
한국교육운동의 역사와 전망	하성환 지음	308쪽	값 18,000원
철학이 있는 교실살이	이성우 지음	272쪽	값 17,000원
왜 지속가능한 디지털 공동체인가	현광일 지음	280쪽	값 17,000원
선생님, 우리 영화로 세계시민 만나요!	변지윤 외 지음	328쪽	값 19,000원
아이를 함께 키울 온 마을은 어떻게 만들어야 할까?	차상진 지음	288쪽	값 17,000원
선생님, 제주 4·3이 뭐예요?	한강범 지음	308쪽	값 18,000원
마을배움길 학교 이야기	김명신, 김미자, 서영자, 윤재화, 이명순 지음	300쪽	값 18,000원
다시, 남도의 기억을 걷다	노성태 지음	332쪽	값 19,000원
세계의 혁신 대학을 찾아서	안문석 지음	284쪽	값 17,000원
소박한 자율의 사상가, 이반 일리치	박홍규 지음	328쪽	값 19,000원
선생님, 평가 어떻게 하세요?	성열관 외 지음	220쪽	값 15,000원
남도 한말의병의 기억을 걷다	김남철 지음	316쪽	값 19,000원
생태전환교육, 학교에서 어떻게 할까?	심지영 지음	236쪽	값 15,000원
어떻게 어린이를 사랑해야 하는가	야누쉬 코르착 지음	송순재, 안미현 옮김	396쪽	값 23,000원
북유럽의 교사와 교직	예스터 에크하트 라르센 외 엮음	유성상·김민조 옮김	412쪽	값 24,000원
산마을 너머 지금 뭐해?	최보길 외 지음	260쪽	값 17,000원
전문적 학습네트워크	크리스 브라운·신디 푸트먼 엮음	성기선·문은경 옮김	424쪽	값 24,000원